나의 살던 북한은

나의 살던 북한은
노동자 출신의 여성이 말하는 남북한 문화

1판 1쇄 발행 2019년 5월 2일
1판 2쇄 발행 2019년 12월 4일

지은이 경화
펴낸이 윤정은
펴낸곳 미디어 일다
편집 윤정은
교정 이희연
디자인 허미경

등록 2003년 1월 24일(312-2003-075)
주소 서울시 마포구 와우산로 37길 48(동교동) 203호
전화 02-362-2034
팩스 02-362-2035
홈페이지 www.ildaro.com
이메일 ilda@ildaro.com

ISBN 979-11-89063-02-3 03300

이 도서의 국립중앙도서관 출판예정도서목록(CIP)은
서지정보유통지원시스템 홈페이지(http://seoji.nl.go.kr)와
국가자료공동목록시스템(http://www.nl.go.kr/kolisnet)에서
이용하실 수 있습니다. (CIP제어번호: CIP2019013246)

※ 책 값은 뒤표지에 있습니다.
※ 잘못 만들어진 책은 구입하신 서점에서 교환해 드립니다..

이 책은 아름다운재단의 2019 변화의 시나리오 스폰서로 제작되었습니다.

나의 살던 북한은

글·그림 — 경화

노동자 출신의 여성이 말하는
남북한 문화

추천의 글

> 평범한,
> 그렇지만 결코 평범하지만은 않은
> 그녀의 이야기

김성경 북한대학원대학교 교수

탈북자의 이야기는 비통하다. 한국사회에서 북한사람들이 가시화된 이후 자신의 이야기를 할 수 있는 유일한 방법은 그들이 경험한 그 극한의 고통을 말하는 것뿐이었다. 국경을 넘어 한국에 도착하기까지 수천, 수만 킬로에 이르는 목숨을 건 여정, 고향을 떠날 수밖에 없었던 절박했던 이유, 거기에 북한에서의 고단한 삶까지 그 아픔이 깊을수록 더 많은 사람들이 귀 기울였다. 미디어 환경 변화에 발맞춰 그들의 고통은 하나의 스펙터클로 소비되었으며, 그마저도 더 자극적인 이미지와 서사를 쏟아내야만 빠르게 변하는 사람들의 눈길을 붙잡을 수 있었다.

하지만 미디어에 재현된 이들의 아픔은 정치적 입장에 따라 덧대로 부풀려지거나 혹은 마치 딴 세상의 이야기인 양 치부되기도 했었다. 물론 그들의 외침이 몇몇 선한 이들의 공감을 얻을 수도 있으리라. 하지만 수잔 손탁의 지적처럼 공감이라는 감정 또한 어려움에 처한 이들의 고통과 자신의 삶이 관련이 없다는 확신이 있기에 가능한 '뻔뻔스럽고 부적절한' 반응에 불과할지도 모른다. 어쨌든 고통 받는 이는 '그들'이며, 그 고통을 듣고 잠시나마 도덕적인 부채감을 느끼지만 이내 일상으로 돌아가는 이들은 '우리'인 것이다.

게다가 피해자의 자리는 고단하다. 피해자성을 인정

하는 타자의 시선에 따라 재단되기 때문이다. 즉 탈북자라는 피해자는 결국 그것을 인식하는 한국사회의 동정과 연민이 있을 때만 존재할 수 있다. 주변의 동정 어린 시선의 대상이 된다는 것은 그만큼 자신의 의지로 삶을 바꿔갈 여지가 적다는 것을 뜻한다. 한국사회는 탈북자라는 분단의 피해자에게 반북적이기를, 한국사회에 감사하기를, 그리고 무엇보다도 불평하지 말 것을 요구한다. 만약 이들이 피해자이기를 멈추고 자신의 삶을 바꿔가려 한다면 여지없이 불편한 시선을 맞닥뜨리게 된다. 더 이상의 동정은 필요 없다고, 힘겹게 여기까지 왔지만 그래도 이제 내 삶을 살아가겠다는 이들의 용기가 얼마나 가치 있는 것인지를 눈치채는 이들은 거의 없다.

소소하지만 자신의 삶의 주인이 되고자 하며, 힘겨워서 떠나왔지만 북한에도 사람이 살고 있다고 말하는, 그리고 국가, 분단 등 거대서사에서 한 걸음 빗겨나가 한 사람으로서 의미 있게 살아가려는 몇몇에게 한국사회가 보여준 것은 무관심뿐이다.

이런 까닭에 경화의 『나의 살던 북한은』은 독특한 위치에 있다. 작가인 경화는 북한 출신 여성으로서 한국에서 어언 20여 년의 시간을 보냈다. 그녀는 북한에서부터 다기능 운전사를 꿈꾸었던 당찬 여성이었고, 남한으로 이주해 온 이후에는 계약직 청소 노동자로 오랫동안 일했다. 성분도, 그렇다고 백도 없었던 그녀가 노동자가 되는 것은 당연한 일이었고, 어렵게 도착한 남한에서도 그녀가 할 수 있는 일은 그다지 많지 않았다. 하지만 성분 좋고 교육 받았다는 다른 북한 출신자들이 언론에 나와 남한사람의 구미에 맞는 이야기를 하면서 살아가는 모습을 보면서 노동하는 자신이 더 가치 있는 삶을 산다고 느낀다. 그만큼 북에서도 남에서도 그녀는 자신의 몸을 열심히 움직여 생활하는 독립적인 노동자이다.

경화는 탈북자이지만 북한을 나쁘게만 생각하지 않는다. 또한 정착해야만 하는 남한을 마냥 추종하지도 않는다. 남한에 정착한 북한 출신, 그것도 노동자이며 여성인 그녀의 위치가 남과 북 모두를 어느 정도 거리를 두고 바라볼 수 있는 기회를 준 것이다.

그녀의 이야기는 단순하지만 힘이 있다. 거기에 재미있기까지 하다. 그녀의 이야기에서는 극한의 경제난 속에서도 서로 도우며 살아가는 아름다운 북한사람이 보인다. 그녀의 표현으로는 '전쟁터와 같은' 경쟁사회인 한국에서는 이미 사라진 지 오래인 정과 사랑이 느껴진다. 밀주를 만들어 팔아 가계에 도움이 되기도 했다는 이야기나, 술을 좋아하고 이웃에 인정이 넘쳤던 아버지에 대한 기억, 영화와 음악을 즐기는 흥 많기로 소문난 북한사람들, 북한 지역의 특산물로 만든 소박하지만 정겨운 음식들, 굶주림 속에서도 따뜻한 위로의 눈빛으로 서로 힘을 북돋웠던 이들까지 그곳에 살아가는 사람들이 어떻게 하루하루를 살아가는지 조금은 가늠할 수 있게 한다.

북한의 사회 체계에 대한 소개도 인상적이다. 주민들에게도 생소한 북한의 은행과 재해보험, 150일간 보장되는 출산휴가와 탁아소, 집단주의와 수령제 교육이 이루어지는 학교 교육, 경제난을 겪으며 약화되기는 했지만 한방과 양방을 독특하게 결합한 의료체계까지 단편적으로 알려진 북한의 사회구조 및 체계가 실제로 어떤 성격으로 어떻게 작동하고 있는지를 이해할 수 있다.

경화는 북한에서의 경험을 남한의 삶과 비교하면서 이야기한다. 어느 한쪽이 더 낫다는 식의 접근이 아니라 서로의 장간점이 무엇인지를 두 곳에서 다 살아온 경계인으로서 솔직하게 전달하는 것이다. 북한에서 흥미진진하게 봐온 북한 영화 탓인지 사랑 타령만 하는 한국 드라마가 재미가 없다고 고백하기도 하고, 지도자를 찬양하는 것에 집중된 북한 음악과는 달리 다양한 장르와 창법의 한국 대중음악에 매혹되기도 한다. 남북을 막론하고 사람들은(특히 남자들은!) 술을 좋아하지만, 남북의 음식은 재료 사용이나 조리 방법에서 이미 상당한 간극이 있다는 평가도 곁들인다. 개인주의만을 추종하는 한국사회는 주변을 배려하거나 집단의 이익을 간과하는 문제점도 있지만, 동시에 힘 있는 자의 전

횡을 막을 수 있다는 장점도 있다.

서로를 '동무'라고 부르면서 상대적으로 평등한 관계를 구축한 북한이 경제난을 거치면서 인간성마저도 위기에 처하게 되었다면, 경쟁만을 일삼으며 개인주의에 빠진 한국 사회는 자신보다 약하거나 서열이 낮다고 생각되는 사람들을 무시하는 것이 일상이 되었다. 그만큼 남북은 각자의 문제와 한계가 있는 사회이다. 그럼에도 남북은 또 나름의 이유로 아직은 충분히 살아볼 만한 가치가 있는 곳이기도 하다.

어쩌면 경화에게 남북을 가로지르는 공통점은 바로 여성이라는 위치일지도 모르겠다. 북한의 여성들은 출산휴가와 탁아소가 상대적으로 잘 되어 있기는 했지만 경제난을 겪으면서 가족의 생계를 위해 시장과 직장을 오가며 살 수밖에 없었고, 남한의 여성들은 진더화된 일자리에서의 차별과 점점 더 심해져가는 외모를 우선시하는 문화로 인해 일상이 고통스럽다. 그 경험의 층위는 다르지만 남북에서 여성으로 살아간다는 것은 그만큼 일, 가정, 문화에 깊숙이 배여 있는 젠더적 불평등과 성적 대상화를 견뎌내야 하는 것을 의미하기도 한다.

하지만 그녀는 남성 중심(북한에서는 성분과 권력, 남한에서는 돈)의 사회 체계 내 수동적 존재이기를 거부한다. 피해의식에 젖어 원망하지도 않는다. 그렇다고 공고한 남성 중심적 체계에 동조하지도 않는다. 그녀만의 방식으로 자신을 사랑하는 방법을 느리게 아주 조금씩 터득해간다. 다른 친구들이 음악가, 과학자, 군인 등의 꿈을 이야기 할 때 홀로 '노동자가 될 터이다'라고 외쳤던 작은 소녀는 자신의 몸을 놀려 가족을 부양해야만 했다. 어렸을 적부터 책을 좋아했던 그녀는 먹을 것이 없는 상황에서도 책을 읽어주며 아이들을 도닥거리는 낭만적인 엄마였다. 죽을 고비를 넘기며 한국에 와서도 배우고 싶은 것이 많기만 한 여성으로 진화하였다.

애초부터 그녀는 복지 체계에 의존하거나 그렇다고 남한이 원하는 탈북자가 되고자 하지 않았다. 그녀는 몸은 고되지만 자신이 할 수 있는 일자리를 찾아 노동하고 그것의 정당한 대가로 현재를 살고 미래를 설계한다. 그럼에도 그녀가 전쟁터 같은 남한 사회에서 가장 이해하기 어려운 것은 청소부와 요양보호사와 같이 꼭 필요한 노동을 하는 이를 향한 무시와 차별이다. 북한사람에 대한 불신 또한 그녀를 가만히 내버려두지 않는다. 그녀는 탈북자를 향한 몇 푼의 정착금이나 이벤트성의 선물보다는 이들의 삶에 대한 조금은 차분하면서도 진중한 이해와 더불어 이들이 열심히 일하며 자신들의 삶을 만들어 갈 수 있도록 응원해주는 것이 필요하다고 주장한다. 그녀가 매 순간을 전쟁터에서 싸움하듯이 자신을 증명해왔다면, 이제 또 다른 탈북자들은 적어도 조금 진일보한 한국사회의 인식 속에서 각자의 삶을 꾸려가기를 바라는 것이다. 덧붙여 패배주의에 빠져 그 어떤 시도도 하지 않는 탈북자에 대한 충고 또한 잊지 않는다. "현실을 빨리 깨닫고 다시 도전해보거나, 아니면 다른 일자리를 알아보는 것이 현명한 선택"이라는 따끔한 말은 아프지만 너무나도 현실적이다. 북한 출신자로서 신자유주의가 정언명력이 되어버린 한국사회에서 자신을 잃지 않고 살아가기 위해서는 그만큼 뼈를 깎는 성찰이 필요할 수밖에 없었을 것이다.

경화는 한국에 왜 왔냐는 주변의 질문에 "살려고 왔어요. 나도, 살려고 왔습니다"고 말한다. 한동안은 조선족인 척도 해보았지만, 이제는 북한 출신이라고 당당히 말한다. 그리그 당신들이 '살려고 하는 것'처럼 나도 살려고 한다고 외치는 것이다. '북한 출신자'로서, '여성'으로서, 무엇보다도 신자유주의 체계 내에서 살아가야만 하는 '노동자'로서 말이다.

그런 그녀에게 글쓰기는 어떤 의미일까? 오래전 맑스가 꿈꿨던 소외되지 않는 노동, 즉 "오전에는 사냥하고, 오후에는 고기잡이하고, 저녁 무렵에는 가축을 돌보고, 저녁 식사 후에는 비평"을 하는 것과 일견 닮아 있는 듯하다. 청소를 하면서 그 일의 의미를 찾고, 북한 출신자로서 북한과 남한 사회를 이해하려하고, 그리고 책을 읽고 자신의 생각을 쓰는 것. 그것이야말로 그녀의 이야기를 우리가 귀 기울여야 하는 이유이기도 하다. 어디선가 혼자라고 생각하고 있을 이곳의 모든 '경화'가 이 글에서 용기를 얻게 되기를 바란다. 내가 그랬던 것처럼 말이다.

차례

추천의 글

평범한, 그렇지만 결코 평범하지만은 않은
그녀의 이야기 ···5

01. 북한의 영화와 연속극

영화 좋아하지 않는 북한사람이 있을까? ···18

02. 북한과 남한의 대중음악

한국 아이돌 가수들의 노래를 흥얼거리며 ···34

03. 북한의 술 문화

북에서 맛있기로 소문났던 밀주의 비결은 ···46

04. 지역 특산물과 요리

재료 고유의 담백한 맛이 일품인 북한음식 ...66

05. 독서 이야기

북한에서 '책 귀신'이라 불렸던 아이 ...82

06. 한국에서의 첫 은행 거래

북한사람들에겐 낯선 '돈의 의미' ...96

07. 북한의 보육 이야기

근무 중에도 아이를 돌볼 수 있는 탁아소 ...114

08. 어린 시절의 꿈

"나는 나는 될 터이다 로동자가 될 터이다" ...130

09. 북한의 학교 교육

'하나는 전체를, 전체는 하나를 위하여' ···146

10. 남한과 북한의 의료

살찌려고 녹용주사 vs 살 빼려고 성형수술 ···166

11. 인품에 대하여

북한에서 '좋은 사람'이란 누구일까 ···186

12. 새터민의 남한에서 직업 생활

전쟁터 같은 남한 사회에서 '홀로서기'를 ···202

13. 에필로그

"연변에서 왔냐? 북한에서 왔냐?" 묻는 한국사람들에게 ···216

01

북한의 영화와 연속극

영화
좋아하지 않는
북한사람이
있을까?

영사기가 오는 날,
떠들썩한 동네 풍경

북한에서 나고 자란 사람이라면 누구나 영화나 텔레비전을 좋아하지 않는 사람이 없고, 책을 싫어하는 사람도 없을 것이다. 특히 영화라고 하면 사람들은 밤중이라도 먼 읍내까지 왕복으로 걸어서 보고 오곤 했다.

내가 북한에 살 때까지만 해도 곳곳을 돌아다니며 야외에서 영화 상영을 하는 '이동 영사기'가 있었다. 또, 리 단위에 있는 문화회관에서는 낮에 학생들에게 단체로 영화를 보여주고 밤에는 주민들에게 보여주곤 하였다. 그것도 새 영화가 나왔다는 소문은 상영되기 한 달 전부터 돌았고, 리 단위에 사는 주민들은 시, 군보다는 보름 정도 늦게 보는 것이지만, 그래도 영화를 본다고 하면 왜 그렇게 설레고 좋은지 기분이 들떴다.

읍 영화관만 하여도 좌석이 좋은 쿠션은 아니지만, 그런대로 영화가 끝날 때까지 앉아서 버틸 만했다. 그러나 리 문화회관의 의자는 긴 나무 의자여서 30분 이상 앉아 있으면 엉덩이가 배겨서 더 앉아 있기 힘들 정도로 아팠다. 거기에 바닥이 경사면 없이 평평하여, 중간에 있는 사람들부터 의자 꼭대기에 올라가 앉아 보게 되면 뒤에 있는 사람들은 죽을 지경이었다. 아이들은 영사막 바로 턱밑까지 빼곡히 앉아 턱을 쳐들고 보기도 하고, 자리가 없으면 영사막 뒤쪽에 앉아서도 보곤 하였다.

옻농철이 한창이면 각 동네마다 영사기를 직접 싣고 와서 영화를 보여주는데, 야외에서 영화를 보면 영화관이나 문화회관에서 보는 것보다 더 실감이 나서 재미났다. 이동 영사기가 와서 영화를 보여줄 때면 가족 단위 또는 친구끼리 모여서 함께 보고, 심지어는 군부대의 군인들이 몰래 빠져나와 사복을 빌려 입고 영화를 보기도 했다.

바닥이 땅바닥이라, 집집마다 깔고 앉아 볼 수 있게 가마니나 낮은 나무 의자와 자투리 비닐 등을 가지고 나온다. 영화를 하는 날 저녁이면 무슨 큰 경사가 난 것처럼 아이들이 온 동네를 떠들썩대며 난리였다. 아마도 이런 분위기는 아이들이 더 빨리 알아차리는 것 같다.

> **남한에 잠복해 활동하는
> '첩보영화'가 제일 인기**

봄부터 여름 가을걷이 시기까지 영화뿐 아니라 군기동예술선전대나 시 예술단에서 기동선전대가 각 농촌에 파견되어 예술활동을 활발히 펼쳤다. 일하는 농민들과 농촌지원자들이 그에 고무되고 힘을 얻어 더 열심히 하루 과제를 수행할 수 있게끔 한 것이다. 기동예술선전대는 농촌, 공장, 어촌, 북한 전역 안 가는 데 없이 곳곳에서 활동을 하는데, 직접 현장에 나가 노래를 부르고 악기 연주와 춤, 시 낭송도 하면서 일꾼들의 기세를 한층 더 높여주었다.

　북한 정부는 분야마다 분기별로 생산량을 따져보고, 전년에 비해 생산량이 떨어질 때는 그 현장에 청년예술기동선전대를 파견하였다. 청년선전대는 조직적이고 전투적인 기악 합주와 더불어 '당의 방침을 관철하는 데 모든 인민이 힘 있게 앞장서자'는 사설을 기동대 방송원이 직접 마이크를 잡고 선동을 하였다.

　평범한 주민이었던 내가 조금 알고 있는 정보로 북한의 예술단과 영화촬영소에 대해 이야기하자면, 예술단의 대표적인 단체는 만수대예술단, 조선인민군협주단, 평양종합예술단, 평양교회단, 모란봉예술단, 평양교향악단, 각 도 직할시의 예술단과 평양학생예술단, 보천보전자악단, 왕재산경음악단 등이다.

영화촬영소는 대표적인 것으르, 조선예술영화촬영소 하나만 영화가 시작하는 부분에서 첫 자막에 등장했었는데, 언젠가부터 백두산, 왕재산, 대홍단, 삼지연, 대덕산 등 몇 개 촬영소로 나누어져 나오기 시작했다. 또 예전의 2.8영화촬영소가 4.25영화촬영소로 변경되어 나왔다. 그 외에 김일성, 김정일, 현재의 김정은까지, 현지 지도 로정을 담은 조선기록영화촬영소와 아동단화영화를 제작하는 조선과학교육영화촬영소가 있다.

북한사람들은 누구나 할 것 없이 영화광이라고 할 수 있는데, 특히 액션영화나 사극(고전영화), 전쟁영화를 좋아한다. 첩보영화(남한에 잠복하여 활동하는 스파이들의 활동 이야기)가 제일 인기 있고, 다음으로 일제강점기를 배경으로 하는 영화들, 사극은 〈꽃 파는 처녀〉(해마다 다시 보여줘도 많은 사람들이 눈물을 흘리며 보는 영화다)와 〈홍길동전〉〈춘향전〉〈달매와 범달이〉〈바보온달〉〈림꺽정〉 등등이 인기가 많았다.

고전영화 〈꽃 파는 처녀〉는
해마다 다시 보여줘도
많은 사람들이 눈물을 흘리며
보는 영화다.

가슴에 남는 명배우들

북한에서 가장 인기 있는 배우는 〈꽃 파는 처녀〉의 주인공 역을 맡았던 홍영희로, 북한 돈 1원짜리 지폐에 영화 속 이미지로 등장한다. 홍영희는 김정일이 어느 지방을 현지지도 하던 중에 발굴한 배우(길거리 캐스팅이라고 해야 할까)로 알려져 있는데, 어린 나이에 첫 작품으로 〈꽃 파는 처녀〉 주인공 역을 맡게 되었다. 소문으로는, 처음에는 역할을 잘 못해서 괴로워했다는 이야기가 있다.

〈도라지꽃〉〈생의 흔적〉〈곡절 많은 운명〉〈민족과 운명〉에 나온 오미란은 출연한 영화마다 주인공 역할을 충실히 수행하는 배우로, 북한에서 연령층을 초월해 사랑받는 배우로 유명하다. 또 한 사람 김정화, 20부작 〈이름 없는 영웅들〉과 〈길〉 등에 주인공으로 출연한 이 배우도 빠질 수 없다. 김정일이 가장 총애했던 배우 3인방이 바로 홍영희, 김정화, 오미란이기도 하다.

희극배우(개그맨)로는 김세영이 가장 유명했다. 김세영이 출연한 작품들은 사람들을 배꼽이 빠질 정도로 웃게 만드는 것들이 많았다. 김세영은 영화에도 많이 출연했는데, 천부적인 희극배우여서 그가 나오는 작품은 너무 웃겨 눈물콧물 흘리면서 보았고, 그는 정말 스트레스가 다 풀릴 정도로 기분 좋아지게 만드는 배우였다. 나중에 아들까지 희극배우로 성장시켰고 많은 사랑을 받았던 배우이다.

또, 원로배우 유원준은 영화 〈내 고향〉 〈안중근 이등박문을 쏘다〉 〈평범한 사람들〉에서 조연을 맡았지만 무게감이 있는 배우여서 기억 속에 남는다. 유원준 외에도 추석봉, 문예봉, 유경애, 엄길선 등 원로 유명배우들이 많았다. 이들은 지금은 세상을 떠났고 다음 세대들이 그 업적을 이어가고 있지만, 아직도 많은 북한사람들이 떠나간 배우들의 얼굴 하나하나, 이들이 맡았던 배역 하나하나를 기억하고 있을 만큼 가슴에 남는 명배우들이었다.

북한에서는 배우나 가수들을 좋아하는 사람은 많아도 한국에서처럼 팬클럽 같은 것은 없다. 북한의 예술인들은 팬클럽이 없어도, 맡은 배역이나 노래를 얼마나 잘했는가를 당에서 직접 평가해서 결정하여 그에 따라 공훈배우,

인민배우, 공훈예술가, 인민예술가 칭호를 주고 명분에 맞는 집과 승용차, 그리고 의식주도 자연스레 해결되도록 해준다.

일반인들은 누릴 수 없는 혜택을 누리기 때문에, 북한의 예술인들이 만약 남한에서 산다고 하면 북한에서의 생활이 더 좋다고 할 것 같다.

삼각관계,
사랑 타령하는 한국 드라마

한국에 와서, 처음에는 드라마나 영화가 별로 재미가 없었다. 북한에서 봐왔던 박력 있고 액션이 강하고, 또 이야기 전개가 빨리빨리 진행되는 텔레비전 연속극과 영화 속 장면들에 익숙해져 있어서인지, 한국의 드라마나 영화는 별로 박력도 없고 같은 장면들이 반복적으로 나와서 금세 지루해졌다.

게다가 한국의 드라마에는 삼각관계와 사랑 타령이 주를 이루고, 또 사랑 때문에 이별하는 장면들이 너무 많이 나오다 보니 쉽게 질렸다. 처음 한두 편을 보고 나면 마지막 최종회가 미리 그려질 정도인 데다가, 횟수가 쓸데없이 많아서 안 보게 되는 경우가 많았다.

그런데 최근 몇 년 전에 했던 드라마 중에 〈닥터 이방인〉〈골든 크로스〉〈쓰리 데이즈〉〈조선총잡이〉〈기황후〉 등은 정말 재미있게 봤고, 재방송을 또 보아도 질리지 않는 작품들이었다. 아마도 이 드라마들에는 액션이 있고 스릴이 넘치는 장면과 적절하게 사랑을 나누는 장면들이 들어있어서 그런 것 같다.

한국의 사극드라마나 고전영화의 경우는 북한에서 느낀 것과 비슷한 재미를 주는 것 같다. 다른 점이 있다면 북한영화나 드라마는 북한 특유의 높은 억양을 쓴다는 점, 그리고 사극드라마에서 등장인물들이 입는 옷 색깔이 한국과 좀 다른 것일 뿐이라고 할 수 있다. 한국의 사극과 고전영화에 등장하는 옷들은 색깔이 곱고 화려하여 더 실감이 난다. 그러나 남과 북의 배우들은 어느 쪽이 더 연기를 잘한다고 꼭 짚어 말할 수 없을 만큼 배역에 충실한 것 같다.

> **50부작 만화영화**
> **〈소년장수〉의 추억**

한편, 북한에서 어른이나 아이들이나 손꼽아 기다리고 즐겨 보는 것으로 아동영화(만화영화)가 있는데, 50부작으로 만든 〈소년장수〉가 대표적으로 꼽힌다.

〈소년장수〉는 TV에서 다음 회가 나올 때까지 처음부터 죽 보여주곤 하였다. 재미있는 TV소설이나 영화가 없을 경우, 지나간 기록영화나 어린이들의 공연영상, 그리고 이미 보여준 아동영화들을 재방송으로 내보내곤 하였다.

북한에서 아동영화는 다른 영화들보다 실생활과 밀접히 연관된 내용을 담고 있어서 더욱 재미있었다. 특히 만화영화의 등장인물은 너구리, 꿀꿀이, 오리, 다람쥐, 고슴도치 등 귀여운 동물들로 구성되어 있어 사람들이 좋아했던 것 같다.

〈소년장수〉는 얼마나 인기가 있었는지 어린아이들은 놀 때도 흉내를 내고, "둥둥~둥둥~북을 높이 울려라~" 하는 영화 주제가를 길을 걸을 때나 휴식 시간에 즐겨 불렀다. 지금도 〈소년장수〉나 새로운 아동영화가 나오면 동네에서 유일하게 텔레비전이 있는 집에 모여 콩나물시루처럼 빼곡히 앉거나 부엌에까지 서서 보던 그때가 어제 일처럼 생각난다.

북한의 만화영화는 어른들도 즐겨 본다. 그중에서도 50부작 〈소년장수〉는 큰 인기를 끌었다.

02

북한과 남한의 대중음악

한국
아이돌 가수들의
노래를
흥얼거리며

> **북한의
> 젊은이들이 좋아하는 음악은
> OST**

북한의 음악에 대해 이야기하자면, 먼저 가극음악 공연을 들 수 있다. 김정일 북한국방위원회 위원장이 가극음악을 북한식으로, 항일유격 투쟁 시기를 바탕으로 만든 작품들이다. 북한 내에 널리 알려진 5대 혁명가극〈피바다〉〈꽃 파는 처녀〉〈밀림아 이야기하라〉〈당의 참된 딸〉〈금강산 처녀〉는 대표적인 대서사시이다.

하지만 혁명가극에 삽입된 음악들에 대해서는 북한사람들이 별로 흥미를 느끼지 못하였다. 가극음악이라는 것이 영화나 음악 공연과는 차이가 있어서, 먼저 영화로 만든 작품을 혁명가극으로 재해석하여 보여주는데 무대 위에서 미술과 배우의 연기와 음악 등이 어우러지는 것이라 노래 자체로는 그다지 감흥을 주지 못하는 것 같았다.

북한의 젊은층이 가장 좋아하는 음악은 영화주제가 또는 영화에 삽입된 음악이다. 나는 어릴 때부터 새로운 영화를 보면 그 영화의 주제가를 금방 배워서, 학교에 오면 바로 칠판에 가사를 써서 반 아이들에게 가르쳐주곤 했다. 수학을 공부할 머리는 부족해도 음악 머리는 좀 있었는지, 가사는 비록 조금 틀릴지언정 음정에 있어서는 잘 따라 부르는 재간이 있어 반 아이들이 '네 머리가 정말 비상하다'고 할 지경이었다.(하지만 그런 머리는 어디 써먹지도 못하는 것, 잘해 무엇 하나!)

　　북한의 대표적인 영화음악(O.S.T) 가수인 최삼숙의 음악은 그야말로 북한의 모든 사람들이 좋아하고 따라 부를 정도였다. 1951년생인 최삼숙은 현재 예순이 넘은 나이지만 여전히 잔잔하고 애절하고 가슴에 속속 파고들어, 공허함까지 어루만져주는 듯한 목소리로 대중의 극찬을 받으며 활동하고 있다.

아낌없는 박수갈채를 받은 외국 가수의 무대

북한에서 본 공연 중에서, 지금도 잊히지 않는 무대가 있다.

북한에서는 해마다 〈4월의 봄 친선예술축전〉(April Spring Friendship Art Festival)이 열리는데, 북한에 살 때는 이 축제에 가서 외국인들의 공연을 보곤 했다. 〈4월의 봄 친선예술축전〉은 김일성 주석 때부터 3대째 계속 이어지고 있는 것이라고 한다. 4월 10일경부터 평양을 비롯해 주요 도시에서 축제가 진행되는데, 북한의 예술인들과 세계 각국에서 온 예술인들이 노래와 춤, 협연, 서커스, 전통무용 등을 선보였다.

어느 해 4월 15일에는 김일성, 김정일 부자가 직접 참석한 가운데 여러 나라 예술인들이 무대에 올랐다. 그때 러시아였는지 불가리아였는지 잘 생각나지 않지만, 한 여자 가수가 북한 노래 "수령님 밤이 퍽 깊었습니다"를 직접 불러 김일성, 김정일 부자는 물론이고 북한 주민들까지 크게 감동시켰다.

수령님 밤이 퍽 깊었습니다

행복의 요람 속에 인민을 재우시고
이 밤도 사랑의 길 떠나시는 수령님
                (지방에 현지지도의 길을 떠난다는 뜻)
그 무슨 심려 안고 또 어디 가시옵니까
수령님 수령님 밤이 퍽 깊었습니다

   심혈을 기울여 절절하게 부르는 그 외국 가수의 노래에, 현장에 있던 관람자들과 김일성, 김정일 부자는 아낌없는 찬사와 박수를 오래오래 쳐주었다. 나는 물론이고, 텔레비전으로 그 공연을 본 사람들도 다 감동을 받았고 함께 박수를 쳤었다.

   이 무대에 대해, 나와 같은 일반인들은 김일성 부자를 존경하고 흠모하는 세계 각국의 예술인들이 이 축제를 빛내기 위해 자진해서 오는 것으로 알고 있었다. 그런데 한국에 와서 알게 된 사실은, 북한 정부가 돈을 주고 그들을 초청해오는 것이라는 거였다. 외국 가수들을 데려오는 데 막대한 돈을 준다는 것에 놀라움을 금할 수 없었다. 그러나 지금 생각해보면 어느 나라든지 유명한 예술인들을 공짜로 데려오지는 않을 것인데, 북한이라고 예외겠는가. 당연한 일이지 싶다.

> **샘 김의
> 팬이 되다**

북한사람들도 한국사람들처럼 유명한 영화배우들을 좋아하고 노래와 가수들도 좋아한다. 그러나 한국사람들처럼 어떤 가수나 배우를 무작정 좋아하는 팬클럽이 있다거나, 배우나 가수들을 따라다니면서 난리를 치는 일은 없다. 한국처럼 어떤 배우나 가수가 좋아서 팬클럽을 만들고 그들을 우상화했다면, 벌써 무슨 일이 났을지도 모른다. 북한사람들은 가수 개인보다는 그 가수의 노래와 목소리를 좋아하고, 또 배우의 배역이나 영화의 주제를 좋아하는 것이다.

한국의 음악과 노래는 창법 자체가 일반인들도 쉽게 따라 부를 수 있어서 정말 좋았다. 또 북한의 음악과 노래는 김일성, 김정일 부자를 찬양하는 가사가 많이 포함되어 있는데, 그에 반해 한국의 음악과 노래는 시대에 어울리는 멜로디와 가사가 담겨 있어 더 마음에 와닿았다.

대중가요로는 이승철의 〈그런 사람 또 없습니다〉〈사랑 참 어렵다〉라는 곡을 들을 때마다 참 좋다는 느낌을 받는다.

노래를 썩 잘하는 편은 아니지만, 요즘에는 아이돌 가수들의 노래도 조금씩 흥얼거려 본다. 내가 좋아하는 아이돌 가수들은 엑소(EXO), 동방신기, 씨엔블루(CNBLUE), 2AM, 2PM, 걸스데이, 에일리 등이다. 또 배우 중에서 신인 연예인임에도 주인공 역을 실감 나게 소화해서 내 눈길을 끄는

이들이 있는데, 대표적인 인물이 이종석, 진세연, 윤계상, 황정음, 류수영 등이다.

그리고 지난 〈K팝스타 4〉에 출연해 마지막 결승전에서 아쉽게 2등을 한 샘 김은, 나이는 열다섯 살에 불과하지만 유명한 음악인들과 기타리스트들이 극찬하리만큼 출중한 실력으로 재미와 감동을 주었었다. 당시에는 샘 김이 얼른 앨범을 내서 무대에 서서 기타를 치며 노래를 부르는 모습을 기대하며, 그의 팬이 되었다.

음악 장르는 아니지만, 한때 나는 TV 프로그램 〈댄싱 9〉 〈런닝맨〉 〈진짜 사나이〉 그리고 〈동물농장〉에 푹 빠져 있기도 했다. 지난 방송을 다시 봐도 또 웃겨서 배꼽을 잡고 눈물콧물 짠다. 그리고 피겨의 여왕 김연아의 갈라쇼와 경기는 볼 때마다 가슴 뭉클해져 눈물을 흘리면서 보았다. 어린 나이에 세계적인 피겨 여왕으로 등극하기까지 뒤에서 자신들을 희생해가며 응원했을 가족들을 노고와, 김연아의 피나는 노력이 느껴지는 것 같아 마음이 아프기도 하였다.

> **북한 예술인들에 대한
> 루머를 접하며**

예술인들에 대한 이야기를 하다 보니, 이 지면을 빌려 꼭 짚고 넘어가고 싶은 것이 있다. 북한사람들은 북한에서 살면서도 몰랐던 북한에 대한 이야기들을 한국에 와서 듣게 되는데, 계속 미스터리인 것 같다. 북한사람들은 김일성, 김정일, 김정은 가족의 기본적인 뼈대는 알아도, 구체적인 가정사 내막까지는 모른다. 한국사람들은 어떻게 그런 사생활에 대해 알고 있을까?

이를테면 북한의 대표적인 악단인 보천보전자악단과 왕재산경음악단에 대해, 한국에서 김정일의 '기쁨조'라고 말하는 것이다. 도대체 기쁨조라는 뜻조차 지금까지도 모르겠고 이해가 되지 않는다. 북한사람들이 가장 좋아하고 듣고 싶어 하는 노래가 바로 이들 악단의 연주인데 말이다.

북한 사회에 대해 정확한 정보가 아닌 어떤 확인되지 않은 개인들의 말을 통해 '기쁨조'니 뭐니 하는 이런저런 얘기들이 생겨난 것 같은데, 아무리 적대국가라고 해도 과장되거나 비하하는 얘기들이 이곳에선 사실로 통하는 것 같아 마음이 무척 좋지 않다.

모쪼록 탈북자들이 북한에 대한 정보를 알려주려거든, 나와 같은 일반인이면 스스로 겪고 듣고 보아서 알고 있는 딱 그만큼만, 북한에서 대학을 다녔던 고위층들은 또 그들이 알고 있는 만큼만 더도 덜도 말고 보태지도 말고, 양심껏 전달해주었으면 하는 바람이다.

한국사람들이 북한에 대해 알면 얼마나 알겠는가. 한반도가 통일이 되었을 때 서로 불신하고 당황하지 않도록, 또 서로 새로운 환경에 적응할 수 있도록, 한발 먼저 경험을 한 우리 탈북자들이 양심적으로 정확하고 의미 있는 정보들을 전해야 한다고 생각한다. 한국이어서, 북한이어서, 무조건 좋고 또 나쁘다는 관념을 버리고 서로에게 장점들은 배울 수 있기를 소망한다.

03

북한의 술 문화

북에서
맛있기로 소문났던
밀주의
비결은

국경을 넘어, 가깝고도 먼 땅에 와 20여 년

한국에 온 지도 벌써 20여 년이 흘러간다. 세월이 유수 같다는 말이 있지만, 세월만큼 빠르게 흘러가는 것은 없는 것 같다. 가끔 운동을 하러 개울가 하천 길을 걸을 때가 있다. 흐르는 개울물을 내려다보면서 물의 흐름도 세월의 흐름만큼 빠르지는 않다는 생각을 한 적이 있다.

언제 벌써 20여 년이 흘렀는가. 북한 국경을 넘어 제3국을 거쳐 한국으로 오기까지는 매 순간 목숨이 위협받는 과정을 거쳤다면, 한국에 와서 지금까지는 두고 온 가족들에 대한 미안함과 죄스러움, 그리고 언젠가는 그들을 만날 날이 오기만을 꿈꾸며 그날을 준비하기 위해 돈을 벌어야 한다는 생각으로 오늘날까지 열심히 버텨온 것 같다.

한국에 정착하면서 나름대로 좋은 사람들을 만난 덕분에 지금은 때로 내가 한국사람이라고 착각할 만큼 안정적인 생활을 하고 있다고 생각한다.

술꾼들 버릇은
북이나 남이나 마찬가지

이번에는 남한과 북한을 막론하고 사람들이 좋아하는 술 문화에 대한 것이다. 북한의 술 문화. 전 세계적으로 큰 공통점이 있다면 술일 것 같다. 세계 그 어느 나라를 따져보아도 술이 없는 나라는 없을 것 같다. 나라마다 술의 종류도 다양하다. 그리고 나라마다 술의 쓸모도 비슷한 것 같다. 술은 취하기 위해 마시기도 하지만, 약으로도 쓰이고, 음식에도 쓰인다. 그리고 축복받는 결혼식에도 빼놓을 수 없는 것이 술이요, 또 가장 슬퍼해야 하는 장례식장에서도 꼭 필요한 것이 술이다.

술은 북한사람들보다 한국사람들이 더 많이 마시는 것 같다. 환경 때문에 그런 것 같다는 생각이 든다. 술은 식량을 재료로 만들어야 한다는 단점 때문에 북한에서는 그 좋아하는 술마저도 마음대로 사 먹거나 만들어 먹을 수 없지만, 한국에서는 어느 마트에 가나 술을 팔지 않는 곳이 없다.

아버지는 항상 자전거를 타고 다니셨다. 자전거 마니아이기도 했다. 자전거 공장에서 기사장으로 일하고 있는 아버지 친구에게서 부속품들을 하나하나 얻어서 직접 자전거를 조립해 타고 다녔을 정도이다. 한국에서처럼 비싸고 멋있는 자전거는 아니었지만 그런 재주를 가진 아버지를 친구분들은 몹시 부러워했다.

아버지가 술에 취하면 친구분들이 제일 먼저 챙기는 것이 자전거였고, 그 자전거를 자기 집에서 새로 도색을 해서 자기 것이라고 우기곤 했는데, 그러면 아버지는 알면서도 늘 속아주곤 했다.

아버지는 늘 술이 웬수라고, 다시는 술을 안 먹는다고, 술을 다시 먹으면 벽에 머리를 박고 죽겠다고 하시고는 다음 날 또 술독에 빠져 돌아오셨다. 어머니는 늘 아버지 때문에 걱정이셨고 하루도 마음 놓고 편하게 지내신 적이 없었던 것 같다.

그러나 지금 생각해도 참 신기하고 놀랍기도 한 게, 그렇게 매일 술독에 빠져 사시는 아버지는 단 하루도 출근 시간에 지각해본 적이 없었고 직장 일에 소홀한 적이 없었던 것 같다는 것이다. 직장에서 대장장이 일을 하셨는데, 직장에서나 마을에서나 친구분들에게도 참 인기가 많았다. 아버지는 술을 좋아하는 것만큼 자신의 일과 가장으로서도 소홀함 없이 살려고 노력한 책임감 강한 분이었다.

상점에서 살 수 있는 술은 관혼상제용 뿐

북한에서는 한국에서처럼 성인이 되어도 마트나 슈퍼에서 술을 마음대로 살 수 없다. 북한에서 유일하게 상점에서 살 수 있는 술은 관혼상제용으로 나오는 몇 병이 전부다. 관혼상제용이란 사람이 죽거나 결혼을 하거나 할 때 그 세대에 국가에서 지정한 양만큼의 술을 배정하는 것을 말한다. 그것도 세대당 500g짜리 5병~10병. 하지만 간부들이나 상점 판매원이나, 점장, 이런 사람들은 예외다.

어디 가나 '백'(뒷줄이나 인맥)은 무시를 못하는 것 같다. 상점에서 술 같은 것을 더 사려고 하면 백만 있으면 살 수 있다. 그렇게도 살 수 없는 사람들은 결국에는 불법으로 하는 밀주(개인이 집에서 몰래 뽑는 술)를 사서 관혼상제용으로 쓰기도 한다. 또 직장 회식에서 남자들이 술을 먹고 싶을 때, 재료를 가져다주고 부탁하거나 아니면 뽑은 술을 사서 먹기도 한다.

한국에는 곳곳에 마트가 있고 뜨 식당이 있어서 가고 싶은 곳, 먹고 싶은 것을 골라가면서 먹을 수 있지만, 북한은 개인집에 가서 술안주를 직접 만들어서 먹는 것이 고작이다. 술안주라야 감자채볶음, 김치이다. 그리고 고기라고 하면 집토끼를 잡아서 안주로 먹으면 진수성찬이라고 할 수 있다.

그마저도 없으면 소금 한 가지르도 술을 먹기도 한다. 북한의 남자들은 한국의 남자들처럼 술을 참 좋아한다. 술꾼들은 가정이야 어떻게 되든 빚을 내서라도 술을 외상으로 마시기도 한다. 그 빚은 고스란히 아내들이 갚아야 할 몫이다. 아마도 한국의 서민들의 생활 속에서도 똑같은 현실이 아닐까 싶다.

불시 검사를 피해
'몰래' 술을 빚는 집들

몰래 밀주를 빚는 것에 대해 좀 더 설명해보겠다. 환갑이나 회갑, 결혼식이 다가오면 술 담그는 집에 미리 주문한다. 재료에 따라 술도 나오는 양이 다르다. 술의 도수는 25도 이상으로 만들곤 하는데, 불을 붙여봐서 파란불이 빨리 꺼지지 않을 정도여야 25도~28도 이상의 술이 된다.

 북한 정부에서는 가정에서 밀주를 하는 것에 대해 불법으로 정하고 불시에 검사를 하기도 한다. 한낮에 굴뚝에서 연기가 나면 술을 뽑는다고 생각하고 급습하기도 해서 술항아리나 술 뽑는 기계 등을 회수해 가거나 벌금을 물리기도 한다.

 그래서 머리를 쓴 것이, 밖에는 문에 자물쇠를 잠그고 집안에서 소리 없이 술을 뽑거나 특히 겨울에는 집이 따뜻하라고 가루로 된 갈탄을 물에 이겨 아궁이에 가득 덮어놓으면 하루 종일 굴뚝에 연기가 나는 것을 이용해서 괴감하게 대낮에 술을 뽑기도 한다. 술의 양은 어떤 재료냐에 따라 적게 나오고 많이 나오고의 차이가 있다.

예를 들어 만약 옥수수 1kg이면 술이 500g짜리 소주병으로 잘 나오면 3~4병 정도 나온다. 그러면 부탁한 사람에게 두 병을 주고 나머지는 팔아서 식량을 사거나 다시 술 재료를 사서 술을 뽑아서 팔면 밑천이 조금씩 생기고 또 가족이 살아가는 데 큰 보탬이 된다.

맛있기로 소문이 났던 나의 밀주

나도 한때 술을 만들어 팔았던 적이 있다. 북한은 배급체제 사회인데, 경제난으로 배급이 제대로 안 나오니 사람들은 굶주림으로 허덕였다. 나 또한 먹을 것이 거덜 날 처지여서 일단 옥수수 10kg을 사서 술 담그는 법을 배워서 술을 담갔다.

항아리에서 술이 뽀글뽀글 끓는 소리가 경쾌하게 나면

술이 잘됐다는 증거다. 술을 사갈 때도 술꾼들이 맛을 보고 사기 때문에 술맛이 좋을수록 조금 더 비싸게 팔 수 있어서 나름대로 여러 가지 수법을 쓰는 집들도 있다. 어떤 사람들은 술누룩을 띄울 때 항생제를 섞는다고 한다. 그러나 항생제를 섞은 술은 먹으면 머리가 깨질 것 같이 아프고 숙취도 오래간다고 한다.

    나도 술맛을 좋게 하기 위해 나름의 방법을 썼다. 산에 나무하러 다니면서 걷어온 오미자 넝쿨을 돌돌 말아 말렸다가 술을 뽑을 때 술죽에 섞어 뽑으면 오미자의 상큼한 향기가 어우러져서 술이 참 맛있었다. 술을 사러 온 사람들의 입소문으로 단골들이 생겼고 그 밑천으로 여러 번 같은 방법으로 술을 뽑아 팔았던 때가 있었다.

    그 외에도 술을 맛있게 뽑는 데에는 노하우가 있다. 우선 누룩을 잘 띄워야 하고, 항아리에서 술죽을 잘 끓어야 하며, 마지막으로 술 기계에도 비밀이 숨어 있다. 술 기계는 통 안에 냉각관을 연결하는데 그 관이 합금이 아닌 순 동관이어야 하며, 술 도수를 맞출 때도 얼마만큼 알맞게 맞추는가가 관건이다.

    이런 비법 때문에 동네에서도 술이 잘 팔리면 서로 시

샘을 하고는 한다. 인간은 원래 질투와 시기의 동물이니, 사람이 사는 곳이라면 떼어낼 수 없는 일들이기도 하다.

> **영양가 없는 술찌끼로
> 끼니를 때우던 사람들**

술을 뽑아 파는 집들에는 술찌끼(술을 거르고 남은 찌끼)를 달라고 오는 사람들이 많다. 술찌끼를 우려서 사카린을 섞어 밥 대신 끼니를 때우거나, 두부를 뽑은 콩찌끼를 얻어다가 나물과 약간의 가루를 섞어서 빵을 만들어 끼니로 때우기도 한다.

결국 나중에는 술과 두부를 하는 집들은 그 찌끼까지도 팔아 돈을 번다. 한마디로 버릴 것이 하나도 없다고 보면 된다. 술찌끼는 바로 먹으면 술에 취한 것처럼 온몸이 나른해진다. 그리고 엄청 독해서, 처음에는 모르고 거름을 한다고 텃밭에 뿌려놨는데 그해 모든 채소들이 하나도 안 나올 정도였다. 그런 것도 북한사람들은 없어서 못 먹을 정도다.

영양가 하나 없는 술찌끼에 사카린을 섞어서 단맛에 끼니를 때우던 사람들이 생각난다. 북한에서 밀주를 하는 것은 생계를 꾸려가는 데 절실한 생명줄이라고 할 수 있다. 그래도 북한에서 밀주를 해서 팔아 생계를 유지해 나갈 수 있는 집은 그나마 밑천이 조금 남아 있는 극소수에 불과했다.

당시 중산층의 사람들도 나라에서 주던 배급이 끊기면서 먹을 게 거의 거덜이 나기 시작해 나중에는 거지 신세가 되거나 또는 집까지 팔고 거리에 나앉은 사람들이 셀 수 없이 많았다. 그렇게 많은 인민들이 먹지 못해 영양실조, 전염병에 시달리고, 말도 제대로 못하는 어린아이들이 추운 겨울에 옷도 제대로 못 입고 고사리 같은 손을 내밀며 기차역에 나와 손님들에게 먹을 것 좀 달라고 애타게 구걸하는 모습을 여기 한국사람들은 아마도 상상도 못할 것이다.

현재 북한사람들은 1990년대부터 시작된 혹독한 고난의 행군 시기를 견뎌냈고, 그 시련을 밑거름 삼아 지금은 그 어려운 생활고를 이겨내는 방식을 스스로가 터득했을 정도로 묵묵히 힘든 현실을 받아들이고 있다고 한다.

배급이 끊긴 후,
아프고 슬픈 기억

내가 한국에 왔을 당시 처음엔 화폐 가치에 놀라고, 상점(마트 또는 슈퍼)에 가서 놀랐다. 슈퍼에 가서 돈만 있으면 내가 사고 싶은 것 특히 슈퍼에 쌀까지 있어서 사고 싶은 양만큼 아무 때나 사다 먹을 수 있다는 것이 더욱 놀라웠다.

북한에서는 배급제도가 유지되는 동안에도, 그 어느 곳에 가서든 그냥 먹을 수 있는 것이 없었다. 설사 출장을 간다고 해도, 한 달에 두 번씩 나오는 식량배급표에서 출장을 가는 날만큼의 출장용 양표를 떼서 목적지에 가서 쓰고 온다. 한마디로 북한의 전국 어디에 가도, 돈이 있어도 먹을 것을 사 먹을 수가 없다는 얘기다.

식량난 이후에 생겨난 장마당(한국의 재래시장)은 돈을 가지고 유일하게 먹을 것을 사 먹을 수 있는 곳이다. 하지만 찐빵 한 개도 화폐 교환하기 전의 북한 돈으로 5원, 보통 직장로동자의 한 달 월급이 50~70원 정도라고 한다면 월급을 몽땅 털어도 살 수 있는 빵이 고작해야 10개~14개 정도 밖에 안 된다. 빵 이야기를 하니, 내가 아는 어떤 남자아이가 배가 고파 빵 한 개와 집을 바꿨던 가슴 아프고 슬픈 기억이 떠오른다. 오죽 배가 고팠으면 그랬을까!

그렇다고 북한에서 집을 개인이 마음대로 팔고 살 수 있는 것은 결코 아니다. 하지만 내가 북한을 떠날 때는 경제난으로 식량 사정이 어려워지고 사람들이 죽어나가는 판이라서 결국은 국가에서 주는 집이지만 개개인이 밀거래로 서로 팔고 사는 정도까지 이르렀다. 힘 있는 사람은 힘으로, 없는 사람의 집을 빼앗았다. 돈 있는 사람은 암거래로 싼값에 집을 샀다.

그런데도 텔레비전에서는 해마다 대풍작을 거뒀다고 선전을 하였다. 인민들은 그 모든 것을 알면서도 속아준다. 정부에서도 인민들의 사정을 모를 리 없지만, 믿었던 사회주의 국가들이 다 무너지고 달러가 부족하여 수입쌀을 사들이는 것도 한정된 상황에서, 나라를 지키려니 군대는 먹여야 하고 치안은 유지해야 하니 보위부 안전부(경찰)에게도 쌀을 줘야 하고, 그렇게 울며 겨자 먹기 식이었던 것이다.

경제난 속,
협동조합이 운영한 선술집이 '인기'

어려운 경제난 속에서도, 부녀회에서는 음식을 만들어 파는 협동조합이 생겨나기도 했다. 길거리에 얼음과자와 사카린을 물에 타서 청량음료로 만들어 파는 매대들도 생기고 국수를 만들어 파는 협동조합 식당도 생겼다. 조합에서 운영하는 품목은 종류가 여러 가지다. 청량음료, 직접 모여 만든 생필품을 파는 곳, 한일합작 수출 뜨개방, 선술집, 떡집, 두붓집, 부침개집, 반찬집 등등.

또, 조합에서 선술집도 운영하면서 술을 만들어 300g짜리 한 컵에 3원씩, 안주는 따로 돈을 받고 파는 곳도 생겼다.

선술집은 남자들에게 참으로 인기가 많았다. 개인집에서 병으로 사 먹으려면 한 병에 15원~16원이지만(식량값이 올라가면서 술 한 병에 35원씩 할 때도 있었다.) 선술집에서는 만족스럽게 먹지는 못하는 대신 싼값에 잔으로 사 먹을 수 있었다. 싸게 술을 먹되 외상으로는 마실 수 없으니, 협동조합의 전략이 잘 먹혔던 것 같다.

아무리 먹을 것이 없고 굶어 죽는다고 아우성치는 상황에서도, 술은 없어서는 안 되는 필수품인 것 같다. 어찌됐던 경제난 속에서도 술이라는 존재는 잘 팔렸으니, 참으로 놀랍다.

참! 북한에서는 술을 먹을 때 자기가 먹던 잔을 돌려가며 타인에게 술을 따라주지 않는다. 그리고 술을 그만 먹고 싶을 경우에는, 내 술잔을 상 위에 엎어놓거나 상 아래에 내려놓고 그만 먹는다고 하면 몇 번 권하다 그만둔다. 술을 따를 때는 왼손으로 술병을 받치고 오른손으로 술병의 밑을 받치면서 술잔에 술을 찰랑찰랑 붓는 것이 예의다.

04

지역 특산물과 요리

재료 고유의
담백한 맛이
일품인
북한음식

한번 맛보면 평생 잊지 못할 '평양냉면'

북한도 한국과 마찬가지로 지방마다 고유의 특산물이 있다. 나는 요리전문가도 아니고 일반 주민이었으니, 내가 알고 있는 것에 대해서만 이야기해보려 한다.

한국사람들도 많이 알고 있듯이, 평양의 특산물로는 대동강 숭어를 꼽고 싶다. 북한에 살면서 한 번도 먹어보지는 못했지만 워낙 유명해서 많이 들어보았다. 대동강 숭어는 숭어국, 숭어회, 숭어찜, 숭어조림으로 유명한데 외국인 관광객들이 꼭 먹어보는 음식이라고 한다.

평양냉면은 학창 시절에 평양 만경대 천석식당에 가서 그 유명한 냉면을 먹어본 적이 있다. 고기를 먹지 못했던 내 입에도 그 맛은 정말 평생 잊지 못할 맛이었다. 평양냉면이라는 말만 꺼내도, 아직도 그 냄새며 맛이며 그릇에 담긴 모양까지도 눈에 선하고 입안에 침이 고일 정도이다. 죽기 전에 꼭 한 번 더 먹어보고 싶은 음식 중의 하나다.

한국에 와서 평양냉면 간판을 보고 들어가서 주문을 한 적이 있는데, 한 젓가락 떠 넣었다가 누린내가 확 나고 조미료 냄새가 나서 먹지 못한 채 그냥 나왔던 적도 있다.

**북부의 주식 감자 요리와
농마국수**

함경북도 회령에는 백살구가 유명하다. 참살구나 개살구보다 크기도 크고 신맛이 적고 단맛이 강한 것이 특징이다. 해마다 7월 중순이면 회령에서는 백살구를 파는데, 상점에서 파는 것이 아니라 직접 밭에 들어가서 내가 살 만큼 따서 저울에 달고 계산을 하고 나온다.

함경남도 신포시나 단천시는 바닷가에 위치해 있어 겨울이면 명태잡이로 유명하다. 지금은 우리나라 바다에서는 겨울명태가 잡히지 않아 러시아에서 들여온다고 하는데, 현재 북한의 바다는 상황이 어떨지 모르겠다.

내가 학교를 졸업하고 직장생활을 할 때만 해도 전국

각지의 직장에서 사람을 몇 명씩 뽑아 명태벨 따러(내장 손질) 장기 이동작업을 보내기도 하였다. 어떤 사람들은 한 번 가면 교대 없이 몇 년씩 그곳에 상주하면서 집으로 명태와 고니를 말려 보내주곤 했다. 그러면 부모님이 그것을 장마당에 가지고 나와 팔았다. 이런 이유로 북쪽은 워낙 추운 곳이어서 그곳에 가면 고생할 것을 뻔히 알면서도 서로 가겠다고 신청하곤 했다.

북부 내륙지방인 량강도와 북서부 지방인 자강도는 추운 곳이라 배추, 무가 잘 되지 않아 갓을 많이 심었다. 여름

까지 갓으로 짠지(북에서는 짠짠지라고 한다)를 담거나, 갓을 소금물에 담가 봄에 물을 타서 시원하게 먹기도 하였다. 이 지방은 주식이 감자인데, 감자로 못 해먹는 것이 없을 정도이다.

이 지역의 감자는 크기가 아이들 머리통만 할 정도로 농사가 잘된다. 그만큼 녹말도 엄청나게 잘 나온다. 그래서 이 지역에서 감자 다음으로 유명한 것이 감자 녹말가루이다. 이곳 사람들은 가정마다 국수분틀(국수 면발을 내리는 틀)을 가지고 있다. 감자 녹말가루에 백반가루를 조금 넣고 익반죽하여 물이 끓는 가마솥 위에 국수분틀을 올려놓고 꾹 누르면 하얗고 윤기 나는 국숫발이 가마솥에 예쁘게 내려가서 익는다. 다 익으면 찬물에 여러 번 씻어 그릇에 담아 양념을 해서 먹는다. 면발은 한끝은 입안에, 한끝은 위에 들어가 있다 할 정도로 엄청 질기고 잘 끊어지지 않는다. 친정아버지가 나를 보러 왔다가 집에서 만든 녹말국수(북에서는 농마국수라고 한다)를 드시고 난 후, 두고두고 그 맛을 기억하셨다.

감자 요리는 언감자떡, 언감자국수, 그리고 감자 껍질 요리가 있다. 감자 껍질을 까리라고 하는데 감자 껍질을 벗긴 것을 버리지 않고 말렸다가 가루 내어 언감자 가루를 섞거나, 옥수수 가루를 조금 넣어 국수를 누르면 조금 아린 맛이 있지만 그런대로 한끼 식사가 된다.

　이렇게 량강도와 자강도, 함경도에서는 그곳 기후에 맞는 감자와 콩 농사를 지어 식량 공급을 하는 방법을 옛날 화전민 때부터 터득한 대로 살아가고 있다. 그 외에도 북청 사과, 들쭉술, 돌배, 가자미식해 등이 유명한데, 내가 먹어보지 못한 것들이라 자세히 소개하긴 어렵다.

인삼물이 흐른다는 개성 지방의 유기농 인삼술

개성 지방 요리는 내가 훤히 잘 아는 곳이라 어느 정도 자신 있게 이야기할 수 있다. 개성의 특산물은 알려진 바와 같이 보쌈김치가 대표적인 음식이다. 또 약과, 찹쌀고추장, 인삼술, 홍삼정과 홍삼술, 경단, 팥죽, 설렁탕, 추어탕, 편수(야채로 속을 넣은 만두) 등이 유명하다.

　보쌈김치는 김장철에 개성사람들이 꼭 담그는 김치다. 할아버지, 할머니, 아버지 밥상에만 오르는 귀한 김치

이기도 하다. 그만큼 보쌈김치는 배추를 고를 때부터 배추 잎에 꽁꽁 싸서 항아리에 넣을 때까지 온갖 정성이 들어가는 음식이다.

보쌈김치를 대접에 담아 윗잎사귀를 옆으로 동그랗게 살짝 열어놓으면 어른들은 속을 먹게 되는데, 왜 그렇게 예쁜 보쌈김치가 먹고 싶던지…. 어머니는 항상 걷어놓은 잎사귀를 먹으라고 하시면서 죽죽 찢어서 밥 위에 얹어주시곤 했다. 지금 생각해보면 잎사귀가 더 맛있었던 것 같다.

경단은 환갑잔치나 결혼식에 빠지지 않고 올라가는 맛있는 음식이다. 나는 어렸을 때 큰집에 가면 다른 음식은 안 먹어도 경단만은 꼭 먹어야 하는 '경단 킬러'였다고 할 수 있다.

다음으로 유명한 것이 인삼술인데, 개성 인삼술과 홍삼술은 국외에서도 유명해서 외화벌이 원천이라고 할 수 있다. 한국의 인삼 경작지에서는 너도나도 인삼을 심고 약을 엄청나게 쳐서 수확하는 것으로 알고 있다. 하지만 개성의 인삼은 심을 때부터 정성이지만, 물도 아주 깨끗한 물을 주고 거름도 콩기름을 짜고 남은 콩깻묵을 사용한다.

땅을 집만큼 크게 파고 비닐을 깐 다음 콩깻묵을 쏟아

넣고 물을 붓고, 또 콩깻묵을 쏟아 넣고 물을 붓는 식으로 1년여 동안 숙성시킨 다음 그것을 인삼밭에 준다. 개성에서는 흐르는 물 자체가 인삼물이 흐른다고 할 정도인데, 개성의 인삼은 약용 가치도 뛰어나다. 개성인삼은 예전이나 지금이나 수출량이 떨어져 본 적이 없을 정도로 외화 가치가 있다.

> **담백한,
> 할머니의 찹쌀고추장 맛**

다음으로 개성약과를 빼놓을 수 없는데, 이곳에선 약과를 사는 것이 아니라 집에서 직접 만들어 제사상에 올리곤 한다. 특히 손맛이 좋은 사람들은 직접 주문을 받아 만들어주곤 하는데, 우리 외할머니는 솜씨가 좋아 동네 제사나 잔치 음식은 도맡아 하셨다. 특히 약과는 동네에서 외할머니를 능가할 사람이 없었다. 그래서 집집마다 제사음식을 할 때가 되면 며칠 전에 미리 할머니에게 재료를 가져다주고 만들어달라고 주문을 하였던 기억이 난다.

내가 경단 다음으로 좋아했던 것이 약과였는데, 할머니는 집에서 만들고 모양이 좋지 않은 것은 손녀를 불러 몰래 주시곤 하셨다.

개성은 팥죽도 유명하다. 우리 집은 아버지가 쉬는 날에 여름이면 콩국수, 겨울이면 팥죽을 쑤어 먹곤 했다. 사실 먹는 사람이야 맛있다고 먹지만, 나는 맏딸이라 힘들어도 아버지가 드시고 싶다는데 거역할 수 없어 어머니에게 배운 대로 만들어드릴 수밖에 없었다.

참, 할머니 댁에 가면 찹쌀로 만든 고추장이 정말 맛있었다. 색깔도 예쁘게 빨갛고, 맛 또한 담백해서 외가에 가면 고추장에 밥을 비벼 먹거나 고추장을 물에 타서 거기에 밥을 말아 먹어도 정말 맛있었던 기억이 난다. 외할머니가 돌아가신 후로는 그 맛있는 음식을 먹어본 적이 없다.

북한에서는 경제난으로 어려워진 식생활을 개선하기 위해 전국 요리축제와 요리경연대회를 열기도 하였다. 고급 요리뿐 아니라 일반 주민들이 해먹을 수 있는 다양한 요리들이 소개되어 많은 시청자들의 눈길을 사로잡았다. 가끔 텔레비전에 집에서 해먹을 수 있는 감자나 옥수수로 만든 요리가 나오면, 집에서도 비슷하게 해먹어 보았다. 나뿐만 아니라 북한의 많은 주부들이 한 번쯤은 그렇게 해봤을 것이다.

아직도 적응되지 않는, 양념 맛이 강한 한국음식

한국에 오니 음식이 정말 다양했다. 북한에 살면서 들어보지도 못했던 음식들이 손에 꼽을 수 없을 만큼 많았다. 한국에 와서 처음 접했던 음식들 중에는 삼겹살을 숯불에 구워먹는 것과, 소고기를 마음대로 사 먹을 수 있다는 것, 그리고 무슨 고기든 부위별로 살 수 있다는 것이 신기했다. 또 그 고기로 다양한 요리를 한다는 것도 놀라웠다.

닭을 가지고 튀김(치킨)을 한다는 것도 놀랍다. 아마 한국사람들이 제일 많이 먹는 고기 중의 하나가 닭이지 않을까 싶다. 주위에 치킨 전문점들이 이렇게 많은 것을 보면, 한국인의 치킨 사랑은 세계 1위일 거란 생각이 든다.

북한에서는 소고기를 먹어볼 수가 없었다. 소가 병들어서 죽으면, 잡아서 동네에서 나눠 먹는 정도이다. 한국에서는 병든 짐승을 잡아먹으면 당장 죽을 것처럼 난리인데, 북한사람들은 병든 짐승의 고기라도 배불리 먹어보고 싶을 정도로 고기에 굶주려 있다. 또, 스는 사람과 같은 취급을 하기 때문에 소를 죽이면 사람을 죽인 것으로 보고 사형에 처하도록 되어 있다.

북한에서는 명절에만 세대당 500g씩 돼지고기를 공급했다. 그것마저 잘못 받을 수 있는데, 냉동고기라서 뼈인지 살인지 모르고 받았다가 집에 가서 물을 한 솥 붓고 고기를 끓이다 보면 운 좋으면 살이 조금 붙어 있고, 운 나쁘면 완전히 뼈를 우린 물을 먹게 되는 판국이다. 그럴 때면 정말 억울해서 눈물이 날 때도 있지만 어디 가서 하소연할 수도 없고, 울며 겨자 먹기로 시래기나 배추 또는 무를 썰어넣고 푹 끓이면 그런대로 고기 냄새가 난다. 아이들은 배가 올챙이배처럼 되도록 맛있게 폭식하고 만족해하기도 하였다.

북한에서는 쌈채소를 상추나 배추, 시금치 외에는 먹어보지 못했는데, 한국사람들이 깻잎으로 쌈을 싸서 먹는 것을 보고 생소했다. 깻잎은 볶아 먹는 것으로 알고 있었는데 생으로 쌈을 싸서 먹다니 놀라웠다.

나는 한국에 온 지 이십 년이 넘었는데도 아직도 한국 음식에 적응을 하지 못하고 있다. 못 먹는 음식이 더 많다. 한국음식은 단맛과 양념 맛이 강해서 고유의 재료 맛을 못 느끼게 된다. 북한에서는 양념 재료가 부족해서이기도 하지만, 어려서부터 먹었던 음식은 양념 맛과 단맛보다는 기본적인 재료의 맛 때문에 담백하고, 먹고 난 후에도 입안이

개운한 느낌이 있다.

지금도 종종 고향에서 먹었던 경단과 편수(당면을 넣지 않은 야채만두), 순대, 그리고 보쌈김치가 먹고 싶을 때가 있다. 하지만 누가 만들어보라고 시키면 모를까, 내가 혼자 먹고 싶어서 만들겠다고 하기엔 과정이 번거로워서 좀처럼 해먹게 되지 않는다.

언젠가 남북이 통일되면 음식 문화의 차이도 무시하지 못할 것이라고 본다. 그렇지만 그러한 차이는 서로를 더 풍요롭게 할 것이라고 본다. 무엇보다 고급 요리는 차치하고라도, 배고픔에 허덕이는 북녘사람들이 배불리 먹고 살아갈 수 있는 그날이 꼭 왔으면 좋겠다.

05

독서 이야기

북한에서
'책 귀신'이라
불렸던
아이

한국의 21세기는
스마트한 시대?

한국에 살면서는 책을 읽는 사람들을 많이 못 본 것 같다. 21세기는 정보화 시대, 스마트한 시대라고 해야 하나? 여기는 어른이나 학생이나 아주 어린 초등학생까지도 스마트폰을 가지고 다니다 보니, 정보도 스마트폰으로 검색하여 찾아본다든가 웹툰 사이트에 들어가서 재미있는 만화를 보는 세상이 되었다. 그것도 모자라 더 좋은 스마트폰을 계속 개발하고 있다. 젊은 사람들은 비싼 돈을 주고 스마트폰을 사서 쓰다가, 또 다르고 더 새로운 모델을 추구한다.

학생들이 숙제를 하려고 해도 컴퓨터가 없으면 안 된다고 하니, 어쩌면 현실이 그렇게 따라갈 수밖에 없게 만든다고 볼 수도 있겠다.

나는 아직 스마트폰을 써본 적이 없다. 특별히 쓸 이유가 있을까? 내가 가지고 있는 핸드폰(어르신들이 가지고 다니는 일명 '효도폰')은 사진을 찍을 때 스마트폰처럼 아주 잘 나오지는 못한다는 점에서, 조금 아쉬울 뿐 불편함은 별로 없다.

요즘은 새로 나온 스마트폰을 한번 써보고 싶은 욕구가 들기도 했다. 어차피 바꿀 수밖에 없는 사정이 생겼다. 나는 요양보호사로 어르신 돌보미를 하고 있는데, 출퇴근 카드를 찍으려면 스마트폰이 있어야 한다는 것이다. 시아버지가 중증 치매를 앓고 계시는데(게다가 폭력성 치매이다), 며느리인 나만 알아보고 또 내 말만 듣기 때문에 매일 90분씩 돌봐드리고 있다.

북한에서는 지금에야 인터넷이 들어가 사용할 수 있게 되었다지만, 아직도 지방의 학교들에서는 컴퓨터 없이 공부하고 있을 것이다. 한국에 와서 컴퓨터라는 것을 처음 접하고 배웠던 때가 기억난다. 텔레비전 화면 같은 작은 화면과 글자판을 가져다주며 '이게 뭔지 아는가' 하고 묻기에 '작은 텔레비전'이라고 했더니 막 웃으며 컴퓨터라고 알려줬다.

그 직원이 컴퓨터를 설치한 다음 의자에 앉아 타자를 치자 화면에 글자가 나오는데, 신기하고 놀라웠다. 타자 연습 화면을 켜놓은 상태에서 매일 밤낮 타자 연습을 했고, 누워서도 손가락으로 연습을 하다가 잠이 들곤 하였다. 그때의 그 열정을 생각하면 지금은 그저 한 남자의 아내로, 주부로 살아가고 있는 내 모습이 답답하고 슬픈 마음이 들 때가 많다.

> **'1년에 만 페이지 책 읽기 운동'**

독서에 대한 이야기를 해보려고 한다. 나에게 책은, 인간에게 없어서는 안 될 귀한 스승과도 같은 존재이다. 누군가의 글이 말없이 사람의 마음을 움직이고, 슬픔과 감동, 희망과 기쁨, 때로는 스릴과 공포, 환희와 즐거움을 준다. 살면서 실천해야 할 용서와 배려심도 책을 통해 먼저 배웠다.

그래서 한낱 종이에 쓰인 글에 불과해 보일지라도, 책의 힘은 보이지 않는 지식의 창고이자 상상력, 창조의 원동력이라고 생각한다. 책을 많이 읽은 사람은 어느 장소에 가든, 어떤 상황에 부딪히든, 거기에 맞는 판단과 행동을 하고 말도 조리 있게 잘하는 편인 것 같다.

한때 북한에서 책 읽기 붐이 인 적이 있었다. 읽고 싶은 책을 보는 것은 아니고, 학교에서 지정해준 책을 봐야 했다. 내가 학교 다닐 당시에 '1년에 만 페이지 책 읽기 운동'을 벌였는데, 당의 방침에 따라 전국의 학생들이 책을 읽느라 난리가 난 적이 있다.

김정일 장군으로부터 길을 걸을 때나 앉아서 쉴 때나 쓸데없는 잡담으로 시간을 낭비하지 말고, 잠자기 전까지 손에서 책을 놓지 말라는 지시가 전해졌다. 그래야 머리에 지식이 쌓이고, 나중에 어른이 되었을 때 나라의 정치, 경제, 문화 발전에 크게 이바지할 수 있는 일꾼이 될 수 있다는 것이었다.

전국적으로 학교에서 누가 더 많은 페이지를 읽었는지에 따라 교실 뒤쪽에 경쟁도표를 그려놓고, 매일매일 도표를 그려가며 총화를 하기도 했다. 책을 읽는 것에 그치는 것이 아니라, 어떤 책을 보았고 어떤 내용이었는지 책 제목과 느낀 점을 꼭 쓰도록 하는 전략까지 세워 엄격하게 통제하였다.

항일 빨치산들의 회상기는 수십 권으로 된 책이었는데, 거의 다 보았던 것 같다. 김일성 저작선집과 김정일의 어린 시절 이야기에 대한 책들을 학교 혁명력사연구실에 가서 빌려보거나 소년단실에서 빌려보기도 했다. 그러나 학교에서 지정해주는 책들은 마음에서 우러나서 본 책이 아니어서 그런지 기억에 남는 내용이 별로 없다.

책을 읽히고 끊임없이 학습을 하도록 강요한다고 해서, 과연 그런 지식이 머릿속에 저장이나 될까 하는 생각도 든다. 작가들도 자유롭게 글을 쓸 수 없으니, 진심이 빠지고 가식적인 틀 속에서 창작을 하게 될 것이다. 남한에서 보면 가끔 텔레비전에 북한 영상이 나올 때가 있는데, 대동강 강변을 거닐며 연애를 한다거나, 인터뷰하는 장면들은 다 각본으로 짜인 것이라고 보면 된다. 어떤 질문에든 막힘 없이 대답할 수 있도록, 미리 대비를 시켜놓는다는 것을 북한사람들이라면 다 알고 있다.

러시아 소설에
푹 빠져 살았던 시절

북한사람들이라고 재미없는 책들만 읽는 것은 물론 아니다. 북한에서는 〈이름 없는 영웅들〉이나 〈명령027호〉를 비롯하여 인기 있는 영화와 텔레비전 프로그램을 그림책처럼 간단하게 수첩으로 만들어 보급하였는데, 그런 책들은 영화에 버금가는 인기를 끌기도 했다.

나는 원래 책을 좋아했으니, 읽어야 하는 책들은 미리 감상문을 날짜별로 다 써놓고 군 책방에 가서 소설책을 빌려다 몰래 보곤 하였다. 한때는 '책 귀신'이라는 별명이 붙을 정도로 책에 빠져 살았다. 점심 먹는 것도 잊고 책을 빌리기 위해 1시간 동안 걸어서 멀리 있는 읍 도서관에서 책을 빌려왔다. 그리고 밤새도록 읽고는 다음 날, 수업 한 시간이 끝나면 10분간의 휴식 시간에 학급 아이들 앞에서 이야기를 해주곤 했다.

그러다 보니 매일 내 주변에는 아이들이 이야기를 들

으려고 삥 둘러앉아 있었다. 반 아이들에게 내가 해주는 이야기가 정말 재미있어서 듣는 거냐고 묻자, 한 친구가 하는 말이 '네가 책 내용을 이야기하면 영화 화면처럼 눈앞에 선하게 지나간다'고 하였다.

지금은 제목도 가물거리지만, 내가 봤던 책들 중에는 북한 책은 물론이고 중국 책도 있었그 러시아 책도 꽤 있었다. 가장 좋아했던 책은 국외 추리소설과 탐정소설, 역사소설이었다. 외국 동화책도 많이 읽었다. 우리 반에 아버지가 안전원(경찰)이었던 친구가 있었는데, 그 아이가 가끔 앞부분이나 중간 부분이 뜯어져 나가 제목이 뭔지도 모를 러시아 탐정소설들을 가져왔다. 하도 재미있어서 내가 아끼고 안 쓰고 있었던 귀한 선물노트를 그 아이에게 뇌물로 주면서까지 뜯겨져 나간 러시아 책들에 푹 빠져 살았던 적이 있다.

얼마나 소설책에 미쳐서 살았던지 학교에까지 가지고 가서 수학, 화학 시간에 책상 밑에 놓고 몰래 보다가 선생님에게 들켜 회수를 당하기도 했다. 아무리 잘못했다고 빌어도 책을 돌려주지 않아 벌금을 문 적도 여러 번이다.

북한에서는 학생이든 성인이든 책방에서 책을 빌릴 때 도서카드를 발급해준다. 특히 학생인 경우에는 책을 빌려

가는 당사자의 이름과 날짜, 어떤 학고의 몇 학년 몇 반인지와 주소가 적혀 있고, 그리고 보증인란에 세대주인 아버지 이름이 올려져 있다. 책을 빌려갔다가 잃어버리거나 선생님에게 회수당해 가져오지 못하는 경우, 열 배의 벌금이 아버지 월급에서 고스란히 빠져나가도록 되어 있다.

나에겐 그런 일이 다반사여서, 처음엔 아버지가 아무 말씀 안 하셨지만 이런 일이 계속되다 보니 호된 꾸지람을 여러 번 하신 적이 있다. 아버지는 책을 많이 보는 것은 좋지만 공부 시간에 책을 보다가 뺏겨서 직장으로 벌금 쪽지가 날아오게 하려면 아예 안 보는 편이 낫다고 혼을 내곤 하셨다. 다행히 어머니에겐 벌금 이야기는 꺼내지 않으셨다. 아마도 나 때문에 벌금을 낸 돈만 하여도 당시 돈으로 100원이 훨씬 넘을 것이다.

어찌 되었건 그렇게 책 읽기를 많이 한 덕분에, 거짓말처럼 내 머리에 지식이 쌓이고 그것을 바탕으로 어디 가서도 주눅이 들거나 당황하지 않고 상황에 따라 질문도 할 수 있고 또 대답도 할 수 있는 재치와 능력이 조금이나마 생겼다고 할 수 있겠다.

말로만 듣던
19금 성인소설을 접하다

책 읽기를 그렇게 좋아했으니, 한국에 와서도 책을 많이 빌리거나 사서 읽었다. 그런데 지금은 나이 탓인지 노안이 와서 책을 읽고 싶어도 볼 수가 없다. 침침한 눈으로 책을 들여다보고 있으면 눈이 더 아파지기 때문에 책 읽기를 거의 포기한 상태다. 책을 안 보게 되니, 머리에 들어 있던 것들마저 바닥이 난 것처럼 느껴지기도 한다.

한국에 와서 처음 도서관에 가보았을 때, 정말 책이 많았다. 어떤 책을 봐야 할지 갈피를 잡을 수 없을 정도였다. 내가 보고 싶은 책은 주로 추리소설 장르여서 역시나 한국에서도 그쪽 책들을 빌려다 읽었다. 북한소설보다 내용이 훨씬 잘 구성되어 있어서 책 읽는 재미가 쏠쏠했다.

북한에서는 소설도 김일성, 김정일 부자에 대한 찬양 내용이 들어가 있지 않으면 안 된다. 한국은 19금, 15금으로 연령 제한을 두는 것 외에는 마음대로 책을 볼 수 있어서

독서가 만족스러웠다.

　한국에 온 지 얼마 안 되어 부산으로 여행을 다녀오는 도중, 기차역에서 어떤 책을 산 적이 있다. 그런데 책 제목도 그렇고 표지 그림도 요상하여 뭔가 수상하다 싶었는데, 웬걸 퇴폐적이라고 표현해야 되나? 내용을 들춰보다가 깜짝 놀랐다. 그것이 바로 말로만 듣던 19금 성인소설이었다.

　처음에는 19금, 15금, 그런 것이 뭔지 몰랐는데 내가 이런 책을 읽게 될 줄이야…. 내용이 아주 적나라한 것은 아니었지만, 처음으로 이런 책을 들여다보다가 기겁을 하여 사방의 눈치를 보며 쓰레기통에 집어넣어 버렸다. 어쩐지 가게 주인이 나를 유심히 살펴보더라니, 얼마나 얼굴이 화끈거리던지.

　한국은 많은 것이 오픈되어 있는 것 같다. 문득, 그런 생각을 해본다. 남북이 교류하며 문화적인 힘을 키우게 된다면 영화든, 음악이든, 책이든, 얼마나 더 훌륭한 작품들이 많이 나올까 하고! 언젠가는 그날이 오겠지만, 우리 세대에 하나가 된 한반도가 완성되었으면 하는 바람이다.

06

한국에서의 첫 은행 거래

북한사람들에겐
낯선
'돈의 의미'

북한의 은행 이야기

한국에서는 전국 곳곳의 어느 거리를 가봐도 '은행'이라는 간판을 자주 보게 된다. ○○은행, 간판만 다를 뿐 내용은 똑같은 곳. 은행. 처음 듣는 소리도 아니고 낯설지도 않은 곳이기는 하나, 실제로 은행 거래라는 것을 해본 것은 한국에서 한 것이 세상에 태어나 처음이었다.

북한에도 은행은 있지만, 한국과 달리 도, 시, 군에 하나씩 있다. 동이나 구에도 자그마한 지점이 하나씩 있지만, 은행 직원이 나와서 일을 보는 것이 아니고 동사무소에서 은행 지점 일을 겸해서 본다.

은행이라고 하면 돈을 적금시키는 곳인 줄만 알았는데, 현금 인출도 하는 곳이라는 걸 한국에 와서야 알게 됐다. 한국에서처럼 카드로 인출기에서 입금, 조회, 인출, 이체를 하지는 않고, 북에서는 직접 은행 직원을 통해서 이 일을 하는데, 사람들이 많이 이용하지는 않는다. 아니, 돈이 없어서 이용할 일이 없다고 해야 정확한 말이 되겠다.

1980년대 후반기부터 북한에서는 '은행에 돈이 돌지 않는다'는 소문이 돌았다. 그리고 동사무소 직원들이 나와서 매 세대당 10원씩 의무적으로 적금할 것을 강요한 적이 있었다. 매일 동사무소 직원들이 한 명씩 나와서 반장들을 대동하고 집집마다 돌며 한 달에 얼마씩 적금할 수 있는지 이름(사인)을 적으라고 했다. 못한다고 할 수도 없고 해서 이름만 적고 실제 적금은 못하는 세대가 많았다.

나도 그런 사람 중의 한 사람이었다. 내가 은행이라는 곳에 들어가본 기억을 더듬으면, 남편의 재해보험을 찾기 위해 매일 직원처럼 출근한 적이 있었다. 여기서 잠깐, 북에서 재해보험을 찾던 그때의 상황을 이야기해보려 한다.

'남편 꼭 살리시오'…
재해보험금을 받다

북한에서도 매달 월급을 내줄 때 직장에서 사회보험금을 제하고 준다.(급여명세서에 '재해'라고 적혀 있다. 한국에 와서 '보험'이라고 부른다는 것을 알았다.) 당시 남편이 만성 신장염에 걸려 병원을 전전긍긍하다 일을 못하고 장기 환자로 집에서 통근 치료를 받고 있었다. 신장이식이나 투석을 받았으면 좀 더 오래 살 수 있었을지도 모르겠다. 그러나 워낙 열악한 의료시설이었던지라 가당치도 않았다.

이 사실을 알게 된 지인이 나에게 혹시 은행에서 재해보험금(북에서 농민이나 노동자가 재해, 질병, 부상으로 노동 능력을 상실한 경우 받을 수 있는 일시 보조금)을 탔냐고 물었다. '그런 것도 있는가' 하고 물었더니, 모두 몰라서 못 타먹는다고 하면서 은행에 가서 한번 물어보라고 했다. 주저 없이 다음 날 군에 있는 은행에 찾아가서 보니, 필요한 서류를 떼오라는 종이가 은행 현관 옆에 붙어 있었다.

담당 직원에게 다가가 자세한 설명을 듣고 난 후, 서류를 내면 금방 돈이 나오냐고 물어보았다. 그랬더니 대기자가 너무 많아서 3년씩 기다리는 사람들도 있다며, 기대는 하지 말라고 하였다. 은행에 돈이 돌지 않아서 어쩌다 밀린 월급을 주게 되는 경우에는 재해보험을 타야 할 가족들이 줄을 설 지경이라며, 언제 나갈지 모르는 월급날에만 기회가 있다고 했다.

한숨이 나왔지만, 끈기 하나는 누구한테도 지지 않는 나였다. 재해보험을 타려면 세 명의 증인이 있어야 한다고 하였다. 부지런히 다니며 그날로 서류를 떼서 은행에 가져다주고는, 다음 날부터 은행에 출근하기 시작했다. 문 열기 전에 찾아가서 퇴근할 때까지 직원들에게 눈도장을 찍고 매일매일 기다렸다. 은행 직원들도 나를 보면서 지긋지긋했을 것이다.

그곳에 출근하다시피 하면서 보험금을 타기 위해 드나드는 사람들이 수없이 많다는 것을 알게 되었다. 그 보험금을 타서 약을 사려다가 끝내 이루지 못하고 숨을 거뒀다는 이야기도 여럿에게 들었다. 모두 가슴 아픈 사연들을 가지고 있었고, 당장 돈이 필요한 당사자들도 많았지만, 내 처지

역시 급했다. 한 번의 기회를 놓치면 언제 또 이런 기회가 올지 몰랐다.

월급날! 드디어 직장 통계원들이 보험료를 수납하기 위해 은행에 모여들기 시작했다. 담당 은행 직원이 카운터 앞에 와 있으라고 내게 눈짓을 했다. 한참이 지났다. 각 직장 통계원들이 왔다 간 후 조금 여유가 있을 때, 은행 직원이 나를 보며 "참 대단한 끈기와 인내심을 가졌소. 하긴 이런 정신이 아니면 백날이 가도 못 타먹지. 대단하오."라고 말하면서 640원을 내주었다. 지금까지 나 같은 사람은 본 적이 없다나… 아무튼 나는 15일 만에 보험료를 타냈다.

직원이 "남편 꼭 살리시오"라는 인사말로 나를 격려해 주었다. 나는 고맙다는 인사를 전 직원들에게 돌아가며 한 후 은행 문을 나섰다. 나도 몰랐고, 남편도 몰랐고, 북한주민 대부분이 모르는 그 일을 해낸 것이었다. 이런 정보를 알려준 그 지인에게 다시 한 번 감사하다는 말을 하고 싶었다.

신기했던
남한에서의 첫 은행 거래

이제, 한국에 와서 처음으로 은행에 갔던 이야기를 해보려 한다. 그때 다니던 교회의 목사 사모님이 은행에 갈 때는 도장과 신분증을 꼭 가져가야 한다고 친절하게 알려주었다. 처음으로 내 힘으로 직접 번 돈을 은행에 저금한다고 생각하니 가슴이 막 설렜다.

은행이라고 하면, 북한의 은행처럼 생각했다. 내가 가본 북한의 은행은 실내가 비좁고 직원들의 표정은 무뚝뚝하고 말투도 퉁명스러웠다. 현금과 도장, 통장, 신분증을 가지고 은행에 들어서니, 나처럼 일을 보러온 사람들이 여러 명 있었다. 그런데 은행 안에서 업무를 보는 사람들은 젊은 여성들이었고, 미소를 지었고, 하는 말도 예뻤다. 그 모습들을 보니 기분이 좋아졌다.

한참 후 내 차례가 되어 떨리는 마음으로 조심스럽게 가지고 간 현금과 통장, 도장을 올려놓았다. 직원이 "안녕

하세요? 고객님, 적금을 도와드릴까요?" 하고 묻는다. 나는 그저 머리만 끄덕였다. 직원이 내가 가져간 통장을 들여다보더니 "고객님, 이 통장은 그냥 보통통장이네요! 적금통장 하나 만들어 드릴까요?" 한다. 통장이 또 필요한가, 하며 이해가 안 된다는 표정을 하고 있는데, 직원이 나에게 보통통장과 적금통장의 다른 점에 대해 설명을 해준다.

무슨 소리인지 알아들을 수 없었지만 그냥 해달라고 하였다. 직원은 종이 한 장을 나에게 주며 표시한 대로 작성하라고 하였다. '통장 만드는데 이런 게 왜 필요하지?' 하는 생각을 하며 쓰라는 대로 다 작성을 했다. 그랬더니 직원이 내 신분증과 그 종이를 가지고 뒤에 있는 네모난 큰 통에 그걸 올려놓았는데, 윙 소리가 나면서 종이가 빠져나왔다. 신기했지만, 너무 촌티 나게 행동하는 것 같아서 나름 점잖게 보이려 노력하며 눈으로만 신기하게 바라보았다.

한국에서의 첫 은행 거래

'정착금'
제대로 활용하지 못하는 탈북자들

내가 한국에 왔을 당시, 탈북자들에게 정부에서 정착금을 준다는 것에 대해 들어본 적이 없었다. 중국에서 만났던 지인들이 얼핏 했던 말이 기억났지만, '남이 주는 돈이 다 그렇지' 라는 생각에 금방 잊고 지냈다.

한국에서 정착 생활이 시작되는 시점에 정부에서는 정말로 정착금이라는 이름으로 돈을 주었다. 그 사실은 내가 정착지에 도착해 동사무소에 가서 임대아파트를 배정받고, 임대료와 관리비를 지불한 후 담당자가 통장과 도장을 내어주며 잘 보관하고 있으라고 할 때에야 알았다.

통장을 열어보니 숫자가 여러 개였다. 그것도 '0'이 많았다. 나로선 기절할 액수였다. 일십백천만…. 만 단위가 넘어가다니, 내 생애 이런 큰돈을 쥐어보다니, 정말 이 세상에서 나 혼자 부자가 된 기분이었다. 후에 안 일이지만, 그 돈은 한국에서는 부자의 옆에도 서지 못하는 액수였다. 하지만 나는 마음속으로는 늘 부자로 살아왔던 것 같다.

그 후에 한국으로 온 탈북자에게 주는 정착금의 액수는 내가 받은 정착금보다 몇 배 올랐다. 탈북자들이 받는 정착금은 한국 사회에 정착하는 첫 단계로, 이곳에 정착하여 직장을 잡아 돈을 벌 수 있을 때까지 1~2년 동안 생활비로 쓰도록 정부에서 주는 돈이다.

그러나 정착금을 받은 탈북자들은 그런 큰돈을 한 번도 쥐어본 경험이 없기 때문에(그리고 자본주의 사회에서 어떻게 살아남아야 하는지 개념이 없기 때문에), 갑자기 생긴 돈에 마음을 빼앗긴다. 생애 처음으로 큰돈을 받은 탈북자들은 한국 사회의 풍요롭고 화려하고 예쁜 것들에 현혹되어 정신을 못 차리고 먹고 마시고 놀고 사들이기 시작한다.

남자들은 취직을 할 생각은 안 하고 밤이고 낮이고 술을 먹고 마시고, 자기들끼리 싸우며 아파트 단지를 시끄럽게 하고, 경찰차들이 수시로 드나든다. 여자들은 북한에서는 써보지 못한 고급 화장품들과 예쁜 옷들, 가방, 신발에 마음을 빼앗겨 돈을 다 써버린다. 냉장고와 TV를 교회에서 지원받고서도, 결국 자기 마음에 드는 걸로 다시 사는 경우도 보았다.

그 정착금이 어찌 보면 죽음을 무릅쓰고 사선을 넘어온 자신들의 목숨값일지도 모른다는 생각을 해보았을 탈북자도 있을까.

한국사람에게 사기 당하는 경우도 종종 있어

남한에 온 지 얼마 안 되는 탈북자들을 좋은 마음으로 도와주려는 사람들도 있지만, 반면에 다른 마음을 먹고 다가오는 남한사람들도 있다. 한국 사회에 대해 잘 모른다는 점을 이용해, 탈북자들의 외로운 마음을 위로하는 척 다가와서는 은근슬쩍 '돈이 당장 필요하다', '일주일 있다가 돈이 들어오는데, 지금 당장 써야 하니 있으면 빌려달라'고 한다. 그때의 상황은 돈을 안 빌려주겠다고 하면 당장 무슨 일이라도 날 것처럼 사색이 된 얼굴을 한다. 그럼 어쩔 수 없이 돈을 빌려주게 된다. 나름, 빌리는 사람도 처음에는 신용을 지켜야 한다는 규칙이 있는지, 빌린 돈을 갚겠다는 날짜에 금방 갚고 더 가까운 사이가 된다. 이런 과정을 두세 번 반복하면서 빌리는 돈의 액수도 늘어나고, 결국 전화번호도 바꿔 연락이 끊기고 돈도 떼이고 만다.

그런데 이런 일이 한 번으로 끝나는 것이 아니라, 똑같은 방법으로 반복되는 경우가 많다는 사실이다. 이 세상에는 좋은 사람도 많지만 나쁜 사람들이 더 많은 것 같다. 사회생활을 하게 되면 나 말고 아무도 믿지 말라고, 그렇게 교육을 받았건만, 인간인지라 다른 인간의 달콤한 말에 넘어가지 않을 수 있는 사람은 별로 없을 것이다.

이런 일이 많이 일어나다 보니, 정부에서도 정착금을 주되 한꺼번에 주는 것이 아니라 3년 동안 분기마다 나누어주는 방안을 내놓게 되었다. 그리고 지방에 사는 탈북자들이 2년 동안 이동 없이 한곳에 머물러 있게 되면, 지방정착금으로 세대주나 혼자 사는 사람에 한해 7백만 원을 준다. 아마 2년 동안 한곳에 있다 보면 정도 들고, 생활도 안정이 되고, 일자리도 마련할 수 있는 계기가 되리라는 타산도 있었을 것이다.

탈북자들은 정착금을 받은 이후에도 각 지방 노동부와 시청, 동사무소, 사회복지과의 지속적인 관리를 받는다. 사회 정착에 필요한 교육도 받고, 컴퓨터도 배우고, 미용이나 전기 사용 등등에 대해서도 배운다.

　북한에서 좀 배웠다는 사람들은 한국에 와서도 좋은 곳에 취직을 하곤 한다. 당시 난 이런 생각을 했다. 북한에서 잘 먹고 잘살고 좋은 직장을 가졌던 사람들은 한국에 와서도 같은 길을 가고 있구나, 라고. 나 같은 사람은 한국에 왔다고 해서 인생이 전화위복이 될 순 없다는 것을…. 그렇게 사는 사람들이 TV에 나와서 북한에 대해 이러쿵저러쿵하는 말을 들으면 좀 우습고 한심하다는 생각이 든다.

> **물질 지원보다
> '다름에 대한 이해'가 필요**

현재 한국에 정착하고 있는 탈북자의 수가 무려 3만 명이 넘었다고 한다. 탈북자들도 여러 성향을 가진 사람들이 왔기 때문에, 한국에서 살아가는 방식도 각양각색이다. 그러나 그 많은 탈북자들이 한국에서 잘 살아갈 것이라는 기대는 안 하는 편이 좋다. 탈북자 열 명 중 여덟 명은 한국 정착생활에 실패했다고 봐도 과언이 아닐 것이다.

우리는 일생을 다른 체제를 살다가 온 사람들이다. 한국사람들이 탈북자들의 이러한 상황을 잘 알 수는 없겠지만, 만약 함께 살아가는 이방인들을 도와줄 마음이 있다면 물질적인 지원보다는 그들이 살아가는 데 과연 무엇이 필요하고, 그들의 삶에 쟁점이 될 만한 것들이 무엇인지 잘 파악하고 분석해보았으면 한다.

물질은 욕심을 낳을 뿐이다. 낯선 세상에서 잘 적응하느냐 못하느냐는 내가 갖고 있는 재능과 열정, 인내와 노력에 달려 있다고 생각한다. 아마도 탈북자들에게는 '자본주의 사회', 즉 한국사회의 문화와 근성, 인간성에 대해 죽을 때까지 배워야 하는 게 숙제일 것이다. 한국에 정착하는 탈북자들이 새롭게 접하는 낯선 세상이지만, 부디 사선을 넘었던 그 용기를 잃지 말고 꿋꿋하게 버티고 잘 살았으면 하는 바람이다.

07

북한의 보육 이야기

근무 중에도
아이를
돌볼 수 있는
탁아소

산전 60일 산후 90일,
다섯 달의 출산휴가

북한에서는 결혼해서 아이를 낳게 되면, 마음 놓고 맡은 일에 몰두할 수 있도록 탁아소, 유치원을 이용할 수 있게 되어 있다.

1980년대 초만 해도 산전 휴가 35일, 산후 휴가 60일로 총 77일을 출산유급휴가로 규정했었다. 그러나 직장여성들이 산전 휴가를 다 쓰지 않고 해산 마지막 달까지 일을 하고서, 아이를 위해 산후 휴가를 그만큼 더 받아 몸조리도 하고 아기도 돌보는 경우가 많았다.

그러다 1986년에 당 중앙위원회 최고상임위원회에서 산전 휴가 60일, 산후 휴가 90일로 모두 150일간의 출산휴가 제도를 결정한다는 정령이 발표됐다. 이 기간에는 출근할 때와 똑같이 식량(배급)이 1일 700g씩 공급되고, 월급도 정상 지급하도록 되어 있다. 다만, 종전의 산전 휴가를 아꼈다가 산후 휴가로 쓰는 현상을 없애고, 산전과 산후 휴가를

딸 시집보내는 집에 와서 이부자리를 만들어주는 동네 할머니들. 북한에서는 결혼해서 아이를 낳게 되면 산전 산후 휴가와 함께 탁아소 운영이 잘되어 있다

근무 중에도 아이를 돌볼 수 있는 탁아소

철저히 구분해 쓰도록 하였다.

산전 산후 휴가와 함께, 직장여성들을 위한 북한의 보육 제도에서 평가할 만한 것이 탁아소 운영이라고 본다. 북한에는 여성들이 자녀에 대한 걱정 없이 직장에 다닐 수 있도록 전국의 모든 동, 중대형 공장, 기업소, 협동농장 작업반별로 탁아소가 설립되어 있다. 규모에 따라 여러 개가 설치되어 있는 곳도 있다.

중대형 공장이나 기업소의 경우엔 그에 소속된 여성에게만 해당되지만, 동 탁아소는 지역 내 기관, 공장, 기업소에 근무하는 여성의 자녀를 모두 수용할 수 있도록 의무화하고 있다.

근무 중에도 모유 수유를 할 수 있는 보육시스템

탁아소 운영에서 가장 잘되어 있는 부분은 직장여성들이 근무 시간에도 자녀들에게 모유를 먹일 수 있는 체계가 마련되어 있다는 것이다.

산후 휴가를 마친 여성들은 모유를 먹이는 시기인 생후 8개월 정도까지 두 시간에 한 번씩 20~30분 동안 탁아소에 와서 자녀에게 모유를 먹이고 돌볼 수 있다. 이유식을 먹는 1년 정도까지는 오전, 오후 각각 한 차례 탁아소에 와서 자녀를 볼 수 있고, 그 후 1년 반까지는 하루에 한 번씩 다녀간다.

탁아소에서는 어린이의 생후 개월 수에 따라 한 방에 두 명의 보육원을 두고 15~20명을 돌보는데, 모유에서 이유식(흰죽이나 계란죽), 밥 먹이기, 용변 가리기에 이르기까지 차근히 가르친다. 혹시 엄마가 모유 수유가 안 되는 아이들은 암죽(찹쌀을 볶아서 계란과 설탕을 섞어 가루로 낸 것)을 먹이기도 한다. 암죽을 먹이려면 우선 배급표에서 아이의 1달 치 배급을 암가루로 바꿔서 탁아소에 절반, 집에 절반을 놓고 먹인다.

퇴근이 늦는 여성들을 위해서는 방 하나를 별도로 내서 마지막 남는 한 명까지 돌봐주고 있다. 큰 공장, 기업소 안의 탁아소에는 의무실(양호실)과 의사가 배치되어 있고 일본뇌염, 간염, 감기 등 각종 질병에 대한 예방주사를 놓아준다. 또, 우유(한국에서처럼 정제된 것이 아니라, 젖소가 아닌 염소젖을 짜서 거기에 설탕이나 소금을 넣고 끓인 것), 이유식(흰죽, 계란죽) 쌀밥 등을 공급해왔다.

최근에는 식량난으로 사정이 많이 달라졌지만, 1990년대 초반까지도 탁아소는 중앙당의 배려로 예방과 치료, 식량 공급 등에 있어서 비교적 높은 수준이었다.

식량 부족으로 주민 배급을 중단하는 한이 있어도 탁아소에는 우선 공급하는 원칙을 세웠다. 식량난이 최악에 달했던 1990년대 중반부터는 탁아소마저 배급이 중단됐지만, 최근에는 어느 정도 해소된 것으로 전해진다.

보육 시스템이 잘되어 있기 때문에, 대부분 여성들은 집에서 자녀를 키우는 것보다 탁아소에 보내는 것을 더 좋아한다. 직장에 나가지 않는 여성들도 탁아소에 아이를 맡기려 한다. 내가 북한에 있을 때만 해도 탁아소 한 달 비용은 7~8원 정도로, 노동자 평균 월급 70~80원(세대주의 평균 월급)과 비교할 때 비싼 편은 아니었다. 지금은 환율이 올라서 정확히 얼마인지는 모른다.

전반적인 생활고로, 많은 탁아소에서 처음 아이들을 받을 때 부모로부터 기저귀, 타월 등 양육에 필요한 물품에 아이의 이름을 새겨서 내도록 하였다. 그 외에도 필요한 비품값을 내지만, 크게 부담되는 수준은 아니었다.

일곱 아이들 머리맡에서
책을 읽어주던 기억

한국에 와보니 배움의 문이 활짝 열려 있다는 것이 인상적이었다. 학교는 물론 도서관, 학원 등 원한다면 배울 수 있는 곳들이 많다. 북한에서는 학교 외에는 배울 수 있는 공간도 없지만 배우고 싶어도 교과서나 공책이 없어서 할 수가 없다. 경제가 어려워지면서 학생들에게 교과서와 학용품, 공책, 연필 등을 공급하던 것이 중단되고, 자체로 해결해야 하는 처지가 되면서 결석률이 높아지고 영양실조로 학교에 나오지 못하는 아이들이 늘어나기 시작했다.

숙제를 하거나 시험 기간에 공부를 하려고 해도, 전기 사정이 나빠 밤에는 공부할 수가 없었다. 시간제 전기를 공급해주는데, 가정에서 쓸 수 있는 때는 아침 5시~6시 30분까지, 저녁 7시~8시 30분까지 밥하는 시간이다. 그러니 텔레비전이 있는 집들도 장식품에 불과했다.

결국 학생들은 플라스틱 볼펜대나 폐비닐을 그릇에 담

아 촛불처럼 불을 붙여 그 빛으로 공부를 했고, 보름달이 뜨는 밤에는 달빛 아래서 공부를 하기도 했다. 날 밝은 아침에 서로의 얼굴을 보면 가관이었다. 불 난 집에서 나온 사람처럼 얼굴이 그을음으로 새까맣고, 눈과 코 귀 등 오목하게 들어간 곳은 마치 구들장을 들어내고 온 사람 모습이고, 옷들은 너무 새까매서 비누로 씻어도 잘 지워지지 않았다. 당시 이러한 실정은 평양을 제외하고는 북한 전 지역이 마찬가지라고 본다.

당시 나는 남편이 죽고 나서 아이들을 살리기 위해 재혼을 할 수밖에 없는 상황에 놓였다. 재혼한 남편은 딸이 셋이었고 시어머니와 같이 살았는데, 시누이가 아프기 시작하면서 그이의 아이까지 떠맡게 되어, 졸지에 아이가 일곱에 총 열 식구가 되었다.

공책이 부족해 소설책들을 뜯어서 공책을 묶어주고, 연필로 쓰면 다시 지워서 쓰기도 하면서 공부를 시켰다. 연필로 쓴 책은 볼펜이나 잉크로 덮어썼고 나중에는 쓸 자리가 없어지면 파지로 수매를 하러 갔다.

작은 집 안에 아이들이 많다 보니 서로 싸움도 잦았다. 내 아이들과 남편의 아이들, 시누이 아이들, 이렇게 세 패로 나뉘어 싸우는 일이 잦아졌다. 어떻게 하면 좋을까 생각하다가, 나는 책방에 찾아갔다. 아무 말 없이 긴 의자에 앉아 한 시간 동안 아이들이 이곳에 와서 어떤 책을 빌려 가고 어떻게 가져오는지 살펴보았다. 그러다가 아이들이 책을 빌려 갈 때는 온전했던 표지가 가져올 때는 너덜거린다는 이유로 주인한테 욕을 먹는 것을 보게 되었다. 조심스레 다가가 책방 직원에게 '우리 집에 애들이 일곱인데 매일 싸우는 게 일이라, 책이라도 빌려다 읽어주려고 하는데 빌려줄 수 있는지' 물었다. 직원이 '아이가 많은 집은 책을 빌려 가면 다 찢어버리거나 안 가져오기도 해서 안 된다'고 거절하기에, 나는 그러면 헌책을 빌려 가서 책 표지를 깨끗하게 만들어올 테니까 좀 빌려달라고 부탁했다. 직원은 난처한 기색을 보이면서도 자신이 해야 할 일을 내가 대신해주겠다고 해서 그런지, 그렇게 하기로 하고 한 권 빌려왔다.

책 한 권이 문제인 것이, 서로 던저 보겠다고 또 싸운다. 그래서 아이들에게 숙제를 다 하고 잠자리에 누우면 책을 읽어주겠다고 했더니, 불평을 하면서도 수긍을 했다. 아이 일곱이 자리에 다 눕자 나는 앉아서 책 한 권을 아주 천천히, 흉내를 내어가며, 아이들에게 질문도 하면서 읽어주

기 시작했다.

그 이후부터 아이들은 자기들이 읽는 것보다 내가 읽어주는 것이 더 재미있었는지 틈만 나면 책을 읽어달라고 졸랐다. 책 표지도 아이들과 함께 새 걸로 만드니 더 재미있어지고 싸움도 덜 하게 되었다. 이런 일이 반복되면서 책방 직원은 가끔 새 책도 빌려주곤 했다. 그러면 나는 그 책을 가져오자마자 신문지로 책 표지를 싸서 보고 다시 가져다주었다.

> **말문이 트일 무렵부터 배우는**
> **"어버이 수령님"**

아무리 탁아소와 유치원에서 아이들을 키워준다 해도, 부모와 자식 간의 인연은 그 무엇보다 강한 법이다. 아이들은 부모 앞에서 탁아소, 유치원에서 배운 노래와 춤을 선보이기도 하고, 선생님이 가르친 것들을 행동에 옮긴다. 탁아소, 유치원에서는 공부도 가르치지간 부모와 어른을 공경하기, 오빠 언니 말 잘 듣기 등 예절교육을 많이 하기 때문에, 가정은 실천의 교육 장소가 된다고 할 수 있다.

하지만, 지금 생각해보면 잘못된 교육이 하나 있다. 부모는 나를 낳아준 분들이지만, 온 나라 인민의 어버이는 김일성, 김정일, 김정은이라고 배우는 것이다. 어렸을 적 내가 엄마, 아빠라는 말을 하기 시작할 때부터 엄마는 아랫목에 모셔진 김일성 원수님의 초상화 앞에 나를 세워놓고 손을 높이 들어 "김일성 원수님 고맙습니다" 말하도록 가르쳤다.

나 역시 우리 아이들이 말문이 트이자 김일성, 김정일 부자의 초상화 앞에 세워놓고 우리 엄마가 내게 그랬듯이 아이들 두 손을 높이 올리고 "김일성 원수님 고맙습니다. 친애하는 지도자 김정일 장군님 고맙습니다" 하도록 가르쳤다. 이는 북한에서 대대로 내려오는 가족 교육 방식으로 거의 유전적 학습이라고 느껴질 정도로 강력하게 자리 잡았다. 맛있는 음식을 먹을 때도, 예쁜 옷과 신발을 내 돈으로 주고 샀어도, "수령님 고맙습니다. 장군님 고맙습니다"라는 인사를 꼭 해왔다.

북한사람들은 태어나서부터 이렇게 교육을 받으며,

인민학교부터 부녀회에 이르기까지 '생활총화'라는 이름으로 자기비판, 호상(서로 간에) 비판을 하면서 전체주의 시스템에 적응해 살아간다.

나는 통일을 간절히 바라면서도, 북한사람들이 갑자기 한국과 같은 자유주의 사회에 노출되었을 때 과연 어떤 혼란과 혼선이 빚어질지 걱정이 많다. 나의 좁은 소견이지만, 하나의 체제를 가진 통일보다는 한 나라에 두 정부를 가지고 서로 교류하고 어느 정도 절제를 지켜나가는 것도 나쁘지 않은 정치체제라고 본다. 그래서 어떤 특정한 사람들만이 아니라, 한반도의 모든 사람들이 다 풍족하고 의미 있는 생활을 해나갈 수 있는 사회가 되면 좋겠다.

08

어린 시절의 꿈

"나는 나는
될 터이다
로동자가
될 터이다"

딸이라는 이유로, 키울 수 없었던 희망

북한에서 태어나 30여 년을 살면서 나는 과연 꿈이 있었던 가? 생각해본다. 꿈이 있었다면 어떤 꿈이었지?

나도, 꿈이 있었다. 노래를 부르고 싶었고, 바이올린을 배워서 많은 사람들 앞에 나가 바이올린 독주도 해보고 싶었다. 하지만 여자라는 이유 때문에, 내가 하고 싶어 한 모든 일은 어머니의 고집스러운 반대로 무산되었다.

오빠는 아들이니까 무조건 배워서 큰 사람이 되어야 한다며 공부를 시켰고, 집안일과 동생 돌보는 일은 딸인 나에게 떠맡겼다. 숙제를 하고 난 다음에 일하겠다고 하면, 어머니는 '계집애가 무슨 공부냐' 하면서 숙제도 하지 못하게 하였다. 인민학교 때부터 내 잔등에는 동생이 업혀져 있었고, 우물에서 물을 길어 큰 가마와 물독에 가득가득 채웠고, 저녁식사와 다음 날 아침식사 준비를 해놓아야 했다. 동생들이 많다 보니 내 잔등은 항상 아이 오줌으로 축축하게 젖어 있었다.

학교에서는 달랐다. 음악선생님은 내가 음악에 소질이 있다며 음악부에서 노래도 할 수 있게 해주시고, 대해금도 가르쳐주시고, 바이올린도 배울 수 있는 기회도 주셨다. 하지만 여자라는 이유로, 내가 원하는 일에 대해 매번 집에서 허락을 받지 못했다. 아마도 나는 인민학교 시절부터 꿈과 희망을 포기했던 것 같다.

유치원 다니던 시절 동네 반회의 하는 날 공연을 했던 기억이 난다. 유희를 하면서 아이들이 각자 이다음에 어른이 되면 무엇이 되겠노라고 노래하는 대목이 나왔다. 선생님이 되겠다는 아이도 있고 음악가, 과학자, 군인 등 자신의 꿈을 이야기하는 대목에서 나는 멜빵바지를 셔츠 위에 입고 "나는 나는 될 터이다, 로동자가 될 터이다" 하였고, 아이들이 "옳다 옳다, 네가 네가 로동자가 될 터이다" 하고 맞장구치며 재롱을 부리면서 노래를 불렀다. 결국 학교를 졸업하고 나는 로동자가 되었다.

북한에서는 아무리 재능이 있어도 출신 성분이 좋지 않으면 좋은 직장, 좋은 대학, 좋은 학벌을 가진다는 것은 꿈도 꿀 수 없다. 그러한 사람과 결혼도 할 수 없다. 서민의 자식들은 내 앞에 주어진 대로, 나라에서 지정해주는 인생을 살아간다고 보면 된다. 하지만 아이들은 어려서 그런 사정을 모르기에, 부모가 안 된다고 반대를 하면 서운하고 분해서 두고두고 원망을 하게 된다.

> **다기능 운전사가
> 되고 싶었던 아이**

북한에서도 누구나 선망하는 직업은 있다. 어릴 적에 나는 여군이 되고 싶었고, 또 다기능 운전사가 되고 싶기도 했다. 왜냐하면 여군들이 군복 입고 절도 있게 걷는 모습이 너무 예뻐 보였고, 꿈속에서도 여군이 되어 있는 나의 모습을 자주 보았기 때문이다.

한편으로 운전사가 되고 싶었던 이유는, 우리 집안을 '운전사 가족'이라고 했을 정도로 운전하는 사람이 네 명이나 있었던 탓이다. 작은아버지와 고모부 둘, 오빠 이렇게.

차를 별로 볼 수 없었던 북한의 지방에서 어쩌다 한번 동네에 차가 나타나면 난리가 났다. 동네 사람들이 다 나와

구경하고, 아이들은 크고 작고를 가리지 않고 차 적재함에 올라타 보기도 하고 차 주인의 친척 아이들을 부러워하였다. 그래서 그날만은 큰소리를 칠 수 있었고, 친구들을 차에 태울 수 있는 권한이 주어지는 특별한 날이었다. 학교에 등교할 때 동네 꼬마들을 차 적재함에 가득 태우고는 학교 운동장에 내려주면, 차를 타고 온 아이들까지도 다른 학생들 앞에서 우쭐대었다.

하지만 북한에서 운전사라는 직업은 그리 선망의 대상이 아니다. 차가 많은 한국처럼 교통사고가 그리 자주 일어나지는 않지만, 그래도 북한에서 운전사는 "한쪽 발은 안전부(경찰서)에 한쪽 발은 집에 걸쳐두고 일하는 직업"이라고들 말한다. 그만큼 위험이 따르는 직업이라는 뜻이다. 하지만 차량 운행이 많지 않기에 하루 작업량을 마치면 개인 용무로 농촌이나 공장에서 짐을 실어주는 조건으로 먹을 것을 받아오기도 해서, 먹고사는 데는 지장이 없는 직업이기도 했다.

북한의 경제 사정이 어려워지면서 연료 사정도 당연히 나빠졌고, 그로 인해 모든 화물자동차들을 목탄차나 알탄차로 교체하게 되었다. 휘발유는 오르막을 오를 때만 차의

압력을 높여 오를 수 있도록 공급해주었다. 그나마도 부족하면 개별적으로 물물교환을 해서 바꾸기도 했다.

화물차의 적재함에는 절반은 옥수수 속이나 알탄, 참나무 조각들이 담겨 있는 마대가 쌓여 있고 실제 짐을 실을 수 있는 공간은 절반밖에 안 되었다. 목탄차로 개조하면서 운전사 외 조수가 추가로 배치되었는데, 차가 출발하기 전 먼저 난로에 불을 살려야 하고 풍구질을 해서 압을 올려야만 출발할 수 있었다.

길을 가다 보면 중간중간 차들이 멈춰 서서 조수들과 운전사들이 번갈아가며 한 명은 적재함에 올라가 난로에 알탄이나 옥수수 속을 넣고, 열심히 풍구질을 하는 모습을 볼 수 있었다. 도중에 원료를 넣기도 해야 하지만 재도 제때 빼주어야 하기 때문이다.

그것도 운전사들만의 규칙이 있는지, 약간의 오르막을 달릴 때는 알탄이나 참나무 조각을 때고 평지를 달릴 때는 옥수수 속을 때며 달렸다. 그 모습들이 가관이다. 석탄을 캐러 굴에 들어갔다 나온 사람 모양이다. 얼굴이 새카매서 눈과 이빨만 반짝거리고 하얗다. 그로 인해 석탄가스에 중독이 되는 경우도 있는데, 우리 오빠도 그 이유로 질식해서 쓰러진 적도 있고 폐가 안 좋아져 결국 운전대를 놓고 말았다.

> **북한에서 사람들이
> 가장 선망하는 직업은?**

북한에서는 운전면허를 한국처럼 만 19세 이상이 되면 딸 수 있고, 곳곳에 운전면허시험장이 있어 운전을 배울 수 있다. 그러나 운전면허를 따려면 전문학교처럼 6개월간 공부하고 이론뿐만 아니라 실습으로 차를 직접 분해해서 조립하고 수리도 할 수 있어야 시험에 합격할 수 있다.

또 한국처럼 바로 운전대를 잡을 수 있는 것이 아니다. 직장에 배치를 받아도 기존의 운전기사를 도와 1년 동안 조수 역할을 하면서 수리와 동행 운전을 반복하며 혼자 운전할 수 있을 때까지는 단독으로 운전대를 잡을 수 없다.

운전사의 월급은 자기가 사는 지방에서만 왔다 갔다 하면 얼마 되지 않고 장거리 운행을 해야만 출장비가 포함된 월급으로 조금 더 받을 수 있다. 그러니 운전사라는 직업은 위험이 따르는 노동이기에 선망의 대상은 되지 못할 수밖에 없다.

북한사람들이 가장 선망하는 직업은 군관(군인장교), 초기 복무생(기술직 직업군인), 안전원(경찰), 보위부, 그리고 외화벌이 직장에서 일하는 사람들, 식당에서 일하는 요리사, 그리고 최근에는 배급소에서 일하는 사람들과 미용사 정도가 꼽힌다.

예전에는 식당에서 일하는 여성들과 배급소에서 쌀을 달아주는 사람들에 대해 '식모'라고 하며 좋은 직업으로 여기지 않았지만, 식량 공급이 제대로 안 되는 현실에서는 가장 부러운 직업이 되었다. 그래서 '백'(뒷줄 인맥)으로라도 공장, 기업소 식당이나 배급소에 들어가려고 없는 살림에 뇌물 작전을 펴는 이들도 있었다.

아직도
직업에 귀천이 있는 대한민국

북한에서는 여자가 해야 할 일과 남자가 해야 할 일 구분 없이 직종을 가리지 않고 취직을 시킨다. 여자들도 기계면 기계, 운전이면 운전, 삽질, 곡괭이질 등 가리지 않고 다 한다. 공사장이나 돌격대 같은 데서 남녀가 목공 도구와 들것을 짝을 지어 같이 메고 달리는 모습도 볼 수 있다.

그렇다고 월급을 남녀가 동등하게 받느냐 하면 그것은 아니다. 똑같이 일해도 남자의 월급이 더 많다. 남자들보다 여자들이 더 많은 일을 하고, 더 힘든 일을 해도, 남자들의 월급만큼 탈 수가 없다. 이유는 모른다. 단지 우리가 알고 있는 것은 아무리 일을 많이 해봤자 남자의 절반도 받을 수 없다는 것뿐, 이유를 들어본 적은 없다.

한국에서는 요즘 취직난 때문에 괴로워하는 이들이 많다. 그런데 한국에 일자리가 없는 것은 아니다. 내가 보기엔, 일자리를 찾는다면 얼마든지 많이 있다고 본다. 일자리가 없다는 것은, 취직할 곳이 없다는 게 아니라 자기가 원하는 일자리가 없다는 얘기인 것 같다.

그리고 한국에는 직업에 귀천이 있다고 본다. 선망하는 직업이 있고 상대적으로 그렇지 않은 직업이 있다 하더라도, 북한에서는 직업의 귀천은 따로 있지 않다. '직업에 귀천이 있다'는 말은 옛날 봉건시대 때 양반들이 만들어낸 말이라고 생각한다.

정말 일을 하고 싶어 하는 사람은 일을 가리지 않는다. 사회 경험을 쌓으려면 이 일 저 일 가리지 않고 해봐야 어떤 회사에 취직을 할지라도 경험을 바탕으로 인내심도 키우고, 상호 간의 친화력도 쌓을 수 있고, 어떤 직업을 갖든지 간에 열심히 자신의 일을 해나갈 수 있을 거라고 생각한다.

여행을
꿈꾸어보지 못했다

한국사람들은 직장 다니다 은퇴하면 연금을 받으면서 외국 여행을 하며 사는 노후를 꿈꾼다고 들었다. 북한에서는 외국에 간다는 것은 상상도 못할 일이었기 때문에, 들어보지도 못한 세계일주며 배낭여행이며 일반인들이 외국에 가는 것을 어디 나들이 가는 것 마냥 아무렇지 않게 이야기한다는 것이 놀라웠다.

북한에서는 북한 내에서도 마음대로 이동할 수 없다. 도와 도 사이를 넘어가려고 해도 여행증명서가 있어야 하고, 평양은 파란 줄, 개성은 빨간 줄 두 줄이 그어진 통행증명서가 있어야 들어갈 수 있도록 되어 있다. 성분이 좋은 집 자녀가 유학을 간다든지 외화회사 간부들이 외국에 다녀올지는 모르지만, 아마 북한 주민의 1% 정도가 그런 호화스러운 삶을 살 거라고 생각한다.

살고 싶은 곳을 마음대로 정해 살 수도 없다. 이사를 하려면, 살고자 하는 곳의 동사무소와 분주소(파출소), 안전부(경찰서)에 가서 다니고자 하는 직장이나 거주 승인 확인서를 받아야 하고, 그것을 들고 지금 살고 있는 동사무소와 속해 있는 조직의 승인을 받고 퇴거증명서를 떼야 갈 수 있다. 외아들이라서 부모를 모셔야 한다면, 그에 맞는 확인서까지 추가해도 당장 이루어지는 것이 아니고 몇 년이 걸릴지 모르기 때문에, 웬만한 인내와 피나는 노력이 없이는 얻어질 수 없는 모험이다.

한국사람들은 직장생활을 하면서도 휴가를 내서 여행을 가기도 한다. 북한도 휴가가 없는 것은 아니다. 14일간의 휴가가 있는데, 무단결근을 3일 이상하면 휴가는 무효다. 만약 휴가가 없거나 다 썼을 경우에는 '대휴'라는 것을 받을 수도 있는데 기간은 사흘 정도다.

이동을 하려면 여행증명서가 있어야 하는데, 목적지에 가서도 사흘 안에 누구 집에 어디서 누가 왔고 여행증명서 기간이 며칠까지인지 적은 후 그 칸에 분주소(파출소) 도장을 찍어야 한다. 기간 안에 못 나가게 되면 기일을 연장할 수 있는데 오래 있으면 안 된다. 여행 중 갑자기 아프거나 환자를 돌보아야 하는 등의 부득이한 경우는 예외지만, 결

국은 기일 안에 모든 여행이 끝나야 한다.

북한의 명승지인 금강산, 묘향산, 백두산, 칠보산과 해수욕장 같은 데도 평생 한 번도 구경해보지 못하는 사람들이 다수이다. 그런 곳에 가는 사람들은 정해져 있다고 생각했고, 혹시나 간다고 하면 당원이나 혁명과업 수행(로동 행정 시간을 잘 지키고 결근 없이 출근해 일을 열심히 잘한 사람)이나 조직 생활에서 모범적인 사람들을 군이나 시에서 1백 명씩 뽑아가는 것 정도이다.

나이 들어 연금을 받는 것에 대해서는, 친정아버지가 만 60세에 정년퇴직을 했는데 연금은 얼마였는지는 모르겠다. 많지는 않고 당시 120원 정도 탔던 것 같지만 확실하지는 않다.

한국에 와서 가장 좋다고 느낀 것이, 원하는 곳을 갈 수 있고 배우고 싶은 것을 배울 수 있다는 점이었다. 나는 지금도 한국의 십대들이 부럽다. 북한사람들의 삶에 비하면 한국사람들의 삶은 참으로 자유스럽고 개방적인데, 또 나름의 욕구 불만은 어느 사회든 누구에게든 다 있는 것 같다.

09

북한의 학교 교육

'하나는
전체를,
전체는
하나를 위하여'

인민학교에 다니던 시절

내가 고등중학교에 다닐 때 북한은 9년제 의무교육이었다. 그러다 도·시·군·리에 차례로 중고등학교 5학년제가 늘어나면서 10년제 의무교육이 실시되었다.(2013년부터 유치원 1년, 소학교 5년, 초급중 3년, 중급중 3년으로, 소학교부터 11년 의무교육제 실시 중) 그러니까 나는 고등중학교 4년제였던 것이 5년제로 편성되면서, 10년제 의무교육의 첫 졸업생이었다고 할 수 있다.

한국에 오니 아파트 단지가 많이 밀집되어 있는 곳마다 초등학교·중학교가 들어서고, 고등학교는 좀 멀리 떨어져 있는 것 같다. 한국 학부모들은 아이들 교육을 위해 학군이 좋은 곳으로 이사를 하기도 한다.

북한에는 학교가 그렇게 많지 않다. 도시에는 학교가 여럿 있지만 군에는 인민학교 2개, 고등중학교 여학교와 남학교가 있다. 리 단위에는 인민학교와 고등중학교가 하나로 통합되어 있다. 학교 가는 데 한 시간이 넘게 걸려도 걸어서 통학해야 한다. 한국에는 시골에도 버스가 다니지만 북한은 기름 사정으로 인해 시골에는 교통 자체가 끊긴지 오래다.

인민학교 1, 2학년은 오전 수업만 하고 집에 보내준다. 그래서 1학년 때는 수업이 끝나면 동생들도 보고 집안일도 거들 수 있었다.

나는 지금도 가끔 인민학교 담임선생님의 얼굴이 떠오를 때가 있다. 엄하기도 하였지만 편을 안 가르고 모든 아이들을 공평하게 대해주셨던 선생님이었다. 아버지 친구분이기도 했는데 지금도 살아 계실지….

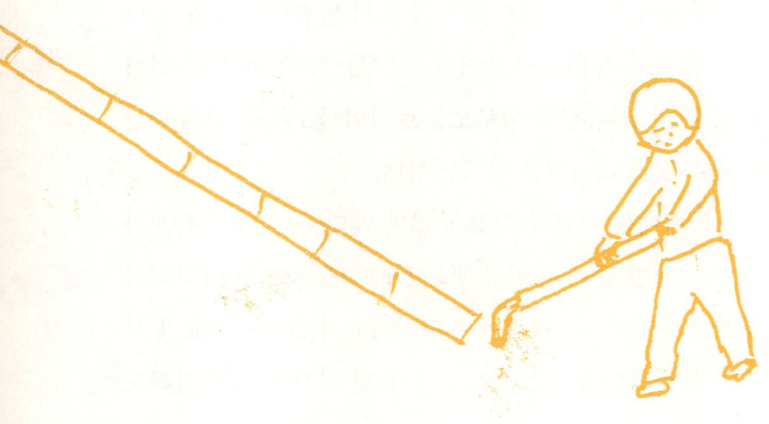

가장 중요한 과목은
'김일성 대원수님 어린시절'

인민학교 교과 과목은 별로 많지 않다. 국어·산수·공산주의 도덕·김일성 대원수님 어린 시절·음악·도화공작·체육 등. 1학년 때 글자 획과 가나다라 받아쓰기부터 시작하며, 산수는 더하기 덜기, 공산주의 도덕은 공중질서 잘 지키기, 웃어른 공경하기, 절약정신 키우기, 서로서로 도와주기, 예절 등을 배운다. 글짓기는 제목을 내주고 글을 지어 발표하기도 한다.

제일 중요한 과목이 '김일성 대원수님 어린 시절'이다. 인민학교 때는 어린 시절 도록 1판부터 16판까지 외우고 앞에 나가 발표하고 도록 원문을 그대로 쓰게 하는 등 반복 학습을 시킨다. 북한의 교육은 인민학교부터 중고등학교까지 김일성 일가가 나라를 구하기 위해 목숨을 바친 혁명 업적과, 그 업적을 길이 전하기 위한 내용을 중심으로 한다.

중학교 교과목은 국어·수학·삼각·기하·물리·화학

·생물·영어(로어)·조선지리·세계지리·조선역사·한문·혁명활동(김일성 동지의 혁명활동 역사)·음악·공산주의 도덕 등이다.

지금은 북한에서도 영어 배우는 것이 붐이라고 하지만, 우리 때는 학교에서 시험을 보기 위한 공부였지 실제 사회에 나와서는 써먹을 일이 없는 과목이었다. 외부에서 들여오는 물건과 상품들도 모두 고유의 우리말로 번역해 팔았고, 외래어를 쓰는 것을 '수정주의 랄라리풍'이라고 해서 단속하였다.

> **개인주의보다
> 집단주의 정신을 먼저 배운다**

북한은 엄마젖을 떼서 탁아소에 들어가는 순간부터 집단생활이 시작된다고 보면 된다. 어려서부터 개인주의 정신보다는 집단주의 정신을 먼저 깨우치도록 한다. '하나는 전체를 위하여, 전체는 하나를 위하여'라는 구호를 내세우고, 학년이 올라갈수록 그 정신을 더 확실하게 교육시킨디 한국에는 그러한 정신이 심각하게 부족한 것 같다. 한마디로 개인주의 정신이 더 투철하다. 나 혼자 잘살면 그만이고, 개인을 위해서는 여러 사람을 희생하는 것도 서슴지 않는 세상인 것 같다고 느껴질 때가 있다. 물론, 일부 돈 있고 권세 있는 자들이 불법으로 저지르는 일이지만 말이다.

그래도 자본주의 사회라고 해서 무조건 나쁘게만 볼 수 없는 것이, 사회주의 사회에서는 간부들과 힘 있는 자들이 저지르는 비리에 대해 쉬쉬하기 바쁘고 힘없는 사람이 죄를 뒤집어쓰는 경우도 있는데, 그나마 한국에서는 '언론의 자유'가 있어서 그런지 정치권이나 큰 회사의 대표가 저지르는 비리들에 대해서도 폭로하고 죗값을 치르게도 하는 것을 보면 그나마 법질서가 엄격한 편이라는 것을 알 수 있다.

북한에서는 식구들과도, 여러 사람들과도, 또 친한 친구 사이라 해도 나라를 비방하는 말을 함부로 할 수 없다. 보위부나 안전부(경찰)에서 심어놓은 감시자들 때문에 말을 함부로 했다가는 정치범수용소에 끌려갈지 모르니 항상 조심해야 한다. 그리고 굳이 조심하지 않아도 어려서부터 골수에 박힌 교육을 받아온 탓에 자연히 몸에 밴다.

가장 무서운 사람은 아이들이다. 1990년대 들어서면서 경제난국으로 식량 사정이 어려워지고 갑자기 배급도 끊겼다. 기아로 여기저기 병들고 굶어 죽는 사람들이 늘어났다. 어느 날 나는 푸념 비슷하게 '수령님은 인민들의 이런 사정을 알기나 하나, 차라기 전쟁이나 일어나서 콱 이 나라가 없어졌으면 좋겠다'라고 말했다가 초등학생이던 아들에게 당한 적이 있다.

아들이 내 말을 듣더니 갑자기 정색을 하며 '그런 말 하지 말라, 어떻게 부모가 자식들 앞에서 그런 말을 할 수 있나, 그러다가 안전부에 끌려간다'라고 하였다. 순간, '아차! 실수했구나'라는 생각이 들면서 '얼마나 힘들면 그랬겠냐'라고 얼버무리고 말았다. 북한에서 살 땐 그런 생각을 해본 적이 없지만, 한국사람들이 늘 하는 말처럼 어려서부터 받아온 세뇌교육이 무섭다고 느낀다.

선생님이 되고 싶었던, 좌절된 오빠의 꿈

한국은 학구열이 대단히 높다. 초등학교에 입학하기 전부터 한글을 배우고 영어와 한자를 읽을 줄 아는 아이들이 많다. 한국의 학구열은 부모가 더 심하다. 아이가 원해서 배우는 것이 아니라, 내 자식이 다른 집 자식보다 못하면 안 된다는 경쟁의식 때문에 한창 철없이 칭얼대고 놀 나이에 엄마가 짜놓은 빡빡한 스케줄에 치여 스트레스 받는 아이들을 종종 본다. 아이들은 학원에 가기 싫다고 우는데 엄마는 애를 혼내며 강제로 차에 태워 데려다준다.

한국 아이들은 태어나서 어린이집과 초등학교, 중학교, 고등학교를 졸업할 때까지 학교에서 배우는 것 외에도 여러 개 학원에 다니고, 시험 기간에 자율학습까지 하니, 어려서 누려야 할 추억거리도 별로 없이 공부에 치여 사는 것 같다.

좋은 점이라면, 배움의 길이 열려 있다는 것이다. 마음만 먹으면 공부할 수 있고, 끊임없이 배울 수 있다는 것. 사회생활을 하면서도 자기 분야에서 전공을 살리고 싶으면 학원에서도 배울 수 있다. 성별, 연령, 나이에 상관없이 배울 수 있는 기회가 많은 것이 이곳의 최고 장점인 것 같다.

북한에서는 학교 외에는 학원이라는 것이 없다. 배울 수 있는 곳은 오직 학교라는 공간 하나다. 그런데 학창 시절 아무리 공부를 잘한다고 해도 대학에 갈 수 있는 것은 아니다. 대학에 가려고 해도 연줄이 있어야 하고, 부모가 당원이여야 하며, 백이 좋아야 한다.

우리 오빠는 학교에서 전교 1, 2등 할 정도로 공부를 잘했다. 학교선생님들마다 입에 침이 마르도록 칭찬을 아끼지 않던 학생이었다. 오빠는 장차 학교를 졸업하면 사범대학에 가겠다고 했고, 꼭 고등중학교 선생이 될 거라는 말을 입버릇처럼 했다. 하지만 부모가 당원이 아니고 아주 평범한 가정이라고 해서 오빠의 꿈은 좌절되었다.

아마 한국사람들은 이해를 못할 것이다. 학교선생님들의 추천으로 대학에 가서 입시시험을 보고 왔을 때, 오빠는 문제가 정말 쉬웠다며 무조건 합격할 것이라는 기대를 가지고 입학통지만을 기다렸다. 아무리 기다려도 소식이

없었다. 대학 신입생 입학식이 끝나 이제 수업이 들어갔을 무렵에 담임선생님이 불러서 찾아가니, 떨어졌다면서 전문대학에 추천해주겠다고 했다.

전문대학에라도 갈 생각을 하고 있는데, 같이 시험을 봤다가 불합격통지를 받았던 오빠 친구가 찾아와 기가 막힌 이야기를 하였다. 오빠의 사범대 시험 결과 합격통지가 내려왔으나, 애당초 오빠는 시험만 봤을 뿐 시험지 이름은 위조되어 오빠 대신 교장 딸이 대학에 가게 되었다는 것이다. 처음부터 짜인 각본이었던 것이다. 오빠는 교장 딸을 대학 보내기 위한 방편이었다.

그렇게 슬피 우는 오빠의 모습은 처음 보았던 것 같다. 하지만 힘도 없고 백도 없었기에 어디에 가서 하소연할 길이 없는 처지였다. 공부를 못했던 교장 딸은 대학 1년 과정을 겨우 다니다 스스로 자퇴를 하였다.

이후 오빠는 결혼하여 아이가 셋이 있었지만, 선생님의 꿈은 버리지 못했었다. 아마도 한국에 왔었다면 공부의 꿈을 맘껏 펼쳤으리라.

농민보다 학생들이 농사 더 잘 짓는다?!

한국에서는 아이들이 어려서부터 대학에 갈 때까지 공부만 하는 것 같아서, 과연 학창 시절 추억거리는 뭐가 있을까 싶다. 북한은 학교에서 공부하는 것 말고도 과외활동이 많다. 개별적인 활동보다는 집단으로 하는 활동이 주가 된다.

인민학교에서는 오전 공부가 끝나면 오후에는 '꼬마활동'으로 고철 줍기, 고포 고무 비닐 파지 등을 주워 수매소(고물상)에 팔아서 수매증과 돈을 학교에 내면, 학교에서는 그 돈을 모아 학교에 필요한 부품을 사기도 한다. 매 학년마

다 계획을 짜서, 폐고물 품목마다 킬로그램을 정해준다. 과제로 받은 것은 무조건 해야 하며, 못하면 할 때까지 반복을 시킨다.

영농 시기에 인민학교 3, 4학년생들은 오전 수업이 끝나면 농촌을 돕는다고 해서 조그마한 바가지와 물통을 들고 심어놓은 옥수수밭에 물을 주러 줄을 맞춰 나간다. 농사철에는 직접 선생님들이 인솔해 밭에 물을 주는 것을 지휘한다. 중학교 1, 2학년도 거의 비슷하다. 3학년이 되면 옥수수 심는 철에는 전 국민이 동원되는 농촌동원전투에 참가한다. 중학교 3학년부터 고등학생, 대학생과 군인들, 공장기업소 연예인들까지 총동원되어 농사일을 한다.

옥수수 심기를 비롯해 모내기철에는 모내기, 김매기철에는 김매기, 가을철에는 가을걷이를 도와준다. 학생들은 학교에서 공부하는 시간보다는 농촌일을 하는 시간이 더 길 것이다. 직접 농사일을 하는 농민보다 학생들이 농사는 더 잘 짓는다는 말도 있고, 농민은 그야말로 '지도농민'이라고들 한다.

군이나 시내에서는 좀 편할지 몰라도 시골학교에선 하는 일이 더 많다. 가을에는 산에 가서 도토리를 따서 학교에

가을걷이가 끝난 논밭에서
벼이삭을 줍고 있는 아이들

하나는 전체를, 전체는 하나를 위하여

내고, 학급별로 월동준비용으로 산에서 나무를 끌어다가 학교 운동장 한편에 쌓아놓으며, 종이 생산에 보탬을 주기 위해 속세풀을 베어 와야 한다. 이 모든 것이 학년별로 킬로그램 수를 정해 과제를 주기 때문에 안 할 수가 없다.

겨울에는 방학숙제도 해야 하지만, 농촌에서 모판을 만들어 비닐을 씌울 때 필요한 활창대나무를 베어 50개~100개를 내야 한다. 활창대는 구부러지면 안 되며, 너무 굵어도 안 된다. 엄지손가락 굵기의 아카시아나무를 1미터 이상 되는 것만 골라 베어야 한다. 한국에서 학생들에게 '공부 공부'할 때 북한에서는 학생들에게 '과제 과제'를 다그친다.

학교에서 부수적으로 가져오라는 것도 많았다. 시멘트를 가져와라, 석회가루를 가져와라, 이것저것 많아서 오죽하면 학부모들이 '없는 걸 어디서 만들어 오라냐'면서 학교에서 아이들을 혹사시키고 도둑을 만든다고 불만을 늘어놓기도 하였다. 그래도 집에 오면 아이들인지라 재미있는 놀이도 많이 하면서 즐거운 시간을 보냈다.

한국에서 수학여행을 간다면, 북한의 학생들도 견학을 간다. 학년마다 가는 것은 아니고 학교 시절에 한두 번

가는 것 같다. 그리고 모든 학생들이 다 가는 것이 아니라 공부 잘하고 조직 생활을 잘하는 학생을 학년마다 인원수를 맞춰 뽑아간다.

호된 군사훈련을 받고 사격을 하다

중학교 3학년이 되면 무조건 붉은 청년근위대에 가입이 된다. 내가 붉은 청년근위대에 가입될 당시 '판문점 도끼사건'(1976년 8월 18일, 판문점 공동경비구역 내에서 북한군이 미군 장교 2명을 도끼로 살해한 사건)이 일어났다. 그때는 정말 팽팽한 긴장이 감돌았고 전군 전민이 준전시 상태에 들어갈 것에 대한 최고사령관의 명령이 떨어졌다.

　우리는 최고사령관 명령으로, 원래는 2학기에 가야 하는데 긴급하게 1학기에 군사야영지에 입소하게 되었다. 또 원래 14일간 훈련을 받지만, 일주일간 초스피드로 군인들이 훈련 받는 것과 똑같이 아주 호되게 훈련을 받았다. 군복을 입고 장비와 목총을 갖추고 전술훈련, 산악훈련, 사격훈련 등을 엄격하게 받았다.

일주일 되는 마지막 날에는 실제 자동소총을 가지고 사격을 하기도 했다. 지금도 잊히지 않는 것이, 나는 사격을 참 잘했다.(우리가 학교 다닐 때만 해도 성적표에는 군사 점수가 있었는데, 거기에는 사격점수가 올라갔다.) 다음 해에 우리는 또 군사야영지에서 일주일 훈련 받고 마지막 날 사격을 하게 되었는데, 그때를 생각하면 지금도 온몸이 짜릿하면서 그때로 돌아가고 싶은 충동이 생길 정도다.

> **나에게 친구란,
> 전적으로 믿는 것**

십대 시절을 떠올리니 친구의 존재에 대해 생각해보게 된다. 사람들이 가족 다음으로 소중하게 여기는 것이 친구일 것이다. 북한에 있을 때 진정으로 속을 터놓고 지낸 친구가 있었나 생각해보니, 학교 때보다는 직장에 취직하면서 만난 동기 두 명이 떠오른다. 짧은 시간이었지만 친구들이 있어서 직장 다니는 생활이 참 재미있고 즐거웠는데….

나는 스무 살에 일찍 결혼을 하였고, 친구 중 한 명은 량강도로 장기노동을 가고, 다른 한 명도 결혼을 했는데 1년만에 이혼을 했다고 한다. 결혼한 후론 그 두 친구를 한 번도 만난 적이 없었고, 다른 사람을 통해 간간이 소식만 들었을 뿐이다.

친구라고 하면, 나는 전적으로 그를 믿어야 한다고 생각했다. 북한에 있으면서 두 친구 빼고는 진정으로 사귄 친구가 없었던 것 같다. 믿었던 사람들에게 이용당하고 배신당하는 일이 거듭되자, 이 세상에 누구도 믿어서는 안 된다는 생각이 들면서 자꾸 사람을 멀리하게 되고 경계심이 생겼다.

한국에 온 지도 꽤 오래되었지만, 지금도 진정한 친구라고 할 수 있는 사람은 주변에 없는 것 같다. 친하게는 지내지만, 내 마음에는 어디까지라는 선이 그어져 있다. 그 선 가까이에서 항상 멈춰 있는 걸 스스로도 느낀다. 그러지 말아야지 하면서도 그게 안 되는 것이 내 마음이다.

10

남한과 북한의 의료

살찌려고
녹용주사
vs
살 빼려고
성형수술

'무상의료' 제도가 유명무실해진 북한

북한은 사회주의 국가로서, 조선민주주의인민공화국 공민이면 누구나 무료로 병원에 가서 치료를 받거나 링거를 맞거나 입원할 수 있었다. 그러나 경제가 어려워지면서 병원도 위기 상황에 놓이게 되었다.

1990년대 들어 북한 주민들이 식량난을 겪기 시작하면서 병원에 영양실조로 입원하는 환자들이 늘기 시작했고, 영양실조로 인한 각종 질병과 전염병 환자들이 생겨났다. 병원 병실들이 꽉 차서, 위험한 환자들만 입원시키고 경한 환자들은 통근 치료를 하도록 퇴원시키는 경우가 많아졌다.

병원에 가도 약이 없었고, 오히려 의사들이 장마당에 가면 중국사람들이 가지고 나와서 파는 해열제가 있다며 그 약을 사 먹으라고 권하는 상황에 되었다. 당시 중국에서는 각양각색, 병명에 따라 다양한 약들이 들어오고 있었다.

하지만 한 끼 먹기도 힘든 현실에서는 아파도 그 비싼 약을 사 먹는다는 것은 사치였다. 특히 부모들은 자신의 질병을 외면해야 했다. 아이들이 아프면 온 식구가 하루 굶을 작정을 하고 약을 사 먹이기도 했다.

내가 급성 폐렴으로 피를 토하고 높은 열에 시달릴 때, 딸이 어디 가서 콩 이삭을 주워 팔아 해열제 두 알을 사온 적이 있었다. 한 알에 얼마를 주었냐고 물었더니 6원씩 주고 사왔다고 하기에, 비싸게 돈을 주고 왜 약을 사왔냐고 꾸짖었던 일이 생각난다.

당시 아들도 기침을 많이 하고 있었는데, 병원에 갔더니 페독산이라는 기침약을 주었다. 페독산은 한약재로 만든 가루약인데 몹시 써서 먹기 힘든 약이다. 양약은 제약회사에서 원료가 없어 생산이 중단된 지도 오래였고, 의사들이 처방해줄 수 있는 약은 한약재뿐이었다.

1990년대 중반에 북한 전역에 파라티푸스라는 무서운 전염병이 돌았다. 사람들이 먹을 것을 제대로 먹지 못하고 위생 상태도 열악해서, 전염병에 감염되어 39~40도의 고열과 장이 꼬이는 아픔에 시달리다 죽거나 장애인이 되는 사례가 많이 발생했다.

북한에서 파라티푸스 환자들에게 주는 약은 신토미찐이라는 알약이다. 경제난이 있기 전에는 병원이나 약국에서 얼마든지 처방 받아 먹을 수 있었는데, 언젠가부터 귀한 약으로 둔갑하였다. 병원에 가도 약을 구할 수 없고, 함부로 물을 마셔도 안 되는 병이라 목이 타면 입술이나 적셔주는 정도밖에 할 수 있는 게 없었다.

내가 중국으로 넘어올 당시 영순이라는 아기엄마가 있었는데, 함경도 어느 역전에서 겨우 돌 지난 여자아기를 업고 와서 나오지도 않는 빈 젖을 물리며, 또 사카린 물을 먹여가며 '꽃제비'(먹을 것을 찾아 집 없이 떠도는 북한 아이들을 칭하는 말) 생활을 하다 결국은 딸아이가 한 달 만에 세상을 떠나는 가슴 아픈 일도 있었다.

얼마 후 영순이도 꽃제비 생활을 하면서 파라티푸스 고열병에 걸렸다. 그가 사는 거주지가 아니라서 병원에도 가지 못하고 앓고 있었는데, 물보다는 그렇게 오이를 먹고 싶다고 찾던 모습이 생각난다. 다행히 영순이는 그 병을 앓으면서도 국경을 넘었고, 중국에 있으면서 고마운 한국사람들을 만나 약을 먹고 놀랍게도 금방 나을 수 있었다.

한국 병원에서 약을 타먹고
부작용이 생기다

북한의 병원은 양방과 한방을 병행하기 때문에, 의사들이 침도 놓고 한약 처방도 할 수 있다. 북한의 침술과 한방은 세계적으로 이름이 나 있는 것으로 안다.

약초 채취 철이 되면 의사들과 간호사들이 일주일에서 길게는 몇 달 동안 약초를 캐러 다니거나 농촌을 돌아다니면서 약초를 사들인다. 아마 지금도 그럴 것이다. 북한에도 약국이 있는데, 군에 하나 있거나 시 단위에 몇 개 정도 있어, 경제난이 심해 약국 문들이 닫히기 전까지는 비상약을 아무 때나 사 먹을 수 있었다. 그리고 처방을 받아 먹는 약은 병원에서 타갔다.

시골의 할머니 할아버지들은 산을 돌아다니면서 약초를 채취하곤 하였다. 할아버지들이 약초를 캐오면 할머니들이 집 앞마당에 앉아 약초를 손질해 말리거나, 말린 약초들을 마대에 담아 쌓아놨다가 병원에서 차가 오면 저울에 달아 팔고 돈을 받는 풍경을 종종 보았다.

한국에서는 약초도 재배하던데, 북한에서는 모두 야생에서 자라는 것을 채취해 한약을 만든다. 함경북도의 대홍단 5호 농장에서는 황기를 재배한다는 말을 들어본 적이 있지만, 5호 농장 자체가 중앙당 간부들을 위한 것이어서 일반 사람들은 잘 알지 못했다.

북한에서는 한국의 건강원에서 내리는 물약 같은 것은 본 적이 없다. 대개는 환이나 가루약으로 만들어 처방을 해주었다. 그리고 북한의 의사들은 양약을 처방할 경우에 소화가 안 되면 소화제, 기침을 하면 기침약, 설사를 하면 지사정 등 병에 따라 약 한 가지만 처방했다.

한국에 오니 양방과 한방이 따로 있고, 무엇보다 가는 곳마다 병원이 참으로 많다는 것이 놀라웠다. 북한에는 개인병원이 없고, 민간에서 몰래 치료를 하는 경우가 있기는 했다. 한국에는 치과, 성형외과, 안과, 정형외과, 그리고 한의원도 많고, 나라에서 지정해주는 것이 아니라 개인이 알아서 치료를 받으러 간다는 것이 낯설었다.

한국에 와서 감기 때문에 병원에 간 적이 있는데, 의사가 무려 5~6알의 양약을 한꺼번에 먹도록 처방해주었다.

또 기관지 확장증으로 호흡곤란이 와서 병원에 실려 갔을 때는, 약을 엄청나게 많이 주길래 내가 정말 중병에 걸린 줄 알았다. 그런데 약을 많이 먹지 않고 살았던 나로서는 그 약 한 봉지를 먹고 부작용이 생겨 어지럽고, 가슴이 막 두근거리고, 온몸이 떨려서 못 견딜 정도로 힘들었다.

의사에게 나는 북한에서 온 사람이고 약을 많이 먹어 본 적이 없어서 그런지 약을 먹고 힘들다고 자초지종을 얘기했더니, 충분히 이해한다고 하면서 다시 처방해주었다. 그래서 약이 쑥 줄었는데 기관지 약 드 알과 소화제 한 알이었다. 먹어보니 정말 속이 편하고 아무렇지도 않아서 다행으로 생각하고 있었는데, 다음 날 회진을 돌던 의사 선생님이 '옛날에 약이 없던 시절에 하던 대로 처방해준 거'라고 하셨다.

> '세쌍둥이나 낳아봤으면
> 좋겠다…'

북한에서는 첫애의 경우엔 병원에서 낳지만, 둘째부터는 산파나 진료소(지역보건소) 간호사를 불러 집에서 낳는 경우가 많다.

북한의 평양산원은 그야말로 현대적인 의료설비들을 갖추었다고는 하지만, 평양에 거주하고 있는 산모들조차 아무나 갈 수 있는 곳은 아니다. 그곳은 간부 집의 산모들, 그리고 북한이 자랑하는 세쌍둥이, 네쌍둥이들을 위한 병원이기도 하다.

북한에서는 세쌍둥이가 태어나면 나라가 흥할 징조라고까지 하면서 대대적으로 방송하고, 김정일 장군님이 산모의 고통을 헤아려 직접 헬기까지 띄워 평양산원에서 순산할 수 있도록 조치를 취했다. 세쌍둥이들은 태어날 때부터 결혼할 때까지 큰 집도 주고, 정기 건강검진도 하고, 생일이나 명절이면 선물을 보내주며 아무 근심 없이 살 수 있게 돌봐준다. 그러니 북한사람들은 너나 할 것 없이 세쌍둥이나 낳아봤으면 좋겠다고 할 정도였다.

집에서 출산을 하는 산모들은, 아이를 낳다가 질 입구가 찢어지는 경우가 종종 있는데 병원에선 꿰매주지만 집에선 의사가 없다 보니 그냥 방치하는 경우가 많았다. 나도 둘째를 낳고 난 이후 오랫동안 괴로움을 겪었다. 병원에 가서 수술을 받을 수도 있지만 창피하다는 생각 때문에 참고 살아가다 보니, 걸을 때도 앉을 때도 오래 서 있을 때도 항상 불편하고 힘이 빠졌다.

우리 동네 50대 중반이 넘은 아주머니도 아래로 뭔가 나와 있는 게 너무 불편하다 보니 인두를 달궈 그 부위를 지졌다가, 염증이 생겨 썩어들어가 나중엔 목숨까지 잃어버렸다. 오죽 힘들고 아팠으면 그랬을까. 그런 고통은 겪어보

지 않은 사람은 절대 알 수 없는 것이어서, 나는 그 아주머니의 행동을 이해하고도 남는다.

한국에 와서 초기에 산부인과 치료를 받았는데, 의사가 '이쁜이 수술'을 하겠냐고 묻기에 나는 그런 건 상관없고 걸어 다닐 때 불편하지만 않게 해달라고 말했다. 그때 치료를 받은 이후, 더 이상 아래로 빠져나오는 느낌이 없어 무슨 일을 해도 신경 쓰이지 않아 편하다. 그렇게 간단한 수술로도 해결되는 문제였는데, 목숨까지 잃는 사람이 있다는 것은 안타까운 일이다.

민간요법으로
아픈 이들을 치료해주던 남편

북한에서는 경제난을 겪으며 병원에서 치료를 받을 수 없게 되자 자연의학, 즉 민간요법이 의존할 수 있는 유일한 치료가 되었다. 나라에서 승인을 해준 것이 아니고, 미신이라 하여 처벌을 받을 수도 있기 때문에 몰래 물어물어 찾아다

살찌려고 녹용주사 vs 살 빼려고 성형수술

닌다. 그러나 잘한다는 소문이 나면 전국에서 몰려들기 때문에 금세 알려질 수밖에 없다. 하물며 중앙당 간부급들도 찾아간다니 입소문이란 무서운 것이다.

황해북도 남포시의 한 마을에 민간요법 치료를 잘하기로 유명한 여자가 있었다. 들리는 말에 의하면 남편이 앓게 되면서 혼자 침 공부를 독학하고 민간요법으로 남편을 치료해주었는데 병이 나았다고 한다. 그 소문이 돌면서 전국에서 많은 환자들이 몰려오면서 유명세를 타게 되었다. 업혀갔던 사람이 걸어서 나갔다느니, 말 못하던 사람이 말을 했다느니, 중풍환자가 완치되었고, 허리와 다리를 고친 환자도 있다는 소문이 들려왔다.

내 남편도 오랜 병원 생활을 하면서 '100가지 민간요법'이라는 책을 열심히 보고, 나와 자식들이 아플 때 치료해준 적이 있다. 가끔 동네 사람들도 치료를 해주었는데 신기하게 효과를 보게 되어, 입소문을 타고 여기저기서 사람들이 몰려들기 시작했다.

물론 중한 병은 고치지 못하지만, 감기나 기침, 설사, 소화불량, 다래끼, 편도선염 등은 거짓말처럼 낫는 것을 보고 감탄했었다. 남편은 자주 한약방에 가서 손질하지 않은

쑥을 사다가 직접 뜸쑥을 만들어서 아픈 사람들에게 떠주거나, 뜸쑥을 원하는 사람들에게 조금씩 나누어주고 뜸자리도 정해주었다.

남편은 자신이 앓는 몸이다 보니 아픈 사람이 찾아오면 거절하지 못했다. 그렇다고 그들에게 돈을 받아본 적은 한 번도 없었다. 그들도 우리처럼 어려운 살림 형편이니, 대신 답례로 입초 담배나 호박, 감자 등을 조금씩 가져오곤 하였다.

남편은 원래 천성이 착한 사람이라 어떤 때는 그마저도 가져온 것들을 되돌려 보내곤 하였다. 그럴 때면 나는 조금 서운했지만, 남편이 하자는 대로 할 수밖에 없었다. 이것도 누가 고자질하면 벌금을 물어야 하는 상황인데, 아무도 신고를 한 사람이 없었던 덕택에 남편이 살아서 거동을 할 수 있을 때까지는 최선을 다해 이웃을 치료해주었다.

나는 어려서부터 고질병인 편도선염으로 고생을 해왔는데, 남편이 양쪽 엄지손톱 한가운데 뜸을 세 장씩 떠준 덕분에 오랜 기간 편도선염을 모르고 살았다. 지금도 내 엄지손가락에는 그 자국이 남아 있다. 남편이 죽은 뒤에 내 몸이 많이 아프게 되니 남편이 몹시 그리울 때가 많았다.

돈 주고 살 빼는 남한사람들

북한에서 1990년대 경제가 어려워지면서 사람들이 아파도 치료를 받지 못하고 허무하게 죽어갈 때, 상류층들은 병원에 가서 녹용주사를 맞거나 또는 의사들과 뒤로 짜고서 약을 빼돌려 부모에게 팔도록 하기도 하였다. 간부들이 녹용주사를 맞는 것은 살이 찌고 배가 나오게 하려는 것이다. 한국에선 뱃살을 빼려고 난리인 상황이니 이해가 안 될 것이다. 북한사람들은 간부가 되면 멜빵바지를 입고 다니곤 하는데, 아마 위엄을 돋우려고 하는 것일 게다.

처음 한국 공항에 도착해 승용차를 타고 이동할 때, 거리에 양복을 입고 넥타이를 맨 남자들이 심심치 않게 보였다. 옆에 앉은 사람에게 '남한에는 간부들이 참 많네요' 했더니 '무슨 간부?' 하고 묻기에, '저기 양복 입고 배 나온 사람들이요.' 하자 막 웃었다. 그는 '맞다'고 하면서, 한국에 배 나온 사람은 다 간부들이라고 한술 더 떠서 농담을 했다. 나는 그 말이 진담인 줄 알고 '아, 남한이 잘산다더니 간부도 많은가 보다' 생각했다. 나중에야 남한사람들이 다 잘 먹어서 살이 찐 것이라는 걸 알게 되었다.

한국사람들 입에서는 두셋이 모여 앉으면 자연스럽게 살을 빼야 한다는 말이 나온다. 다이어트, 성형수술로 세계 1위가 아닐까 싶을 정도로, 정말 많은 사람들이 한두 군데는 성형을 했거나 하고 싶어 하는 것 같다. 성형이 필요 없는 사람들이 성형을 고려하는 걸 보면, 한국은 '성형의 나라' 같다. 성형수술로 예뻐지는 것도 좋겠지만, 나는 그래도 웬만하면 성형을 하지 않는 게 더 좋지 않을까 하는 생각이 든다.

남북한의 미에 대한 기준이 정말 다른 것이, 얼마 전 어떤 아가씨가 '1만 원어치 먹고 살쪄서 100만 원 주고 살 뺀다'는 말을 했는데 주위에 있던 사람들이 모두 공감이 가는 말이라고 했다. 북한에서는 미인이라 하면

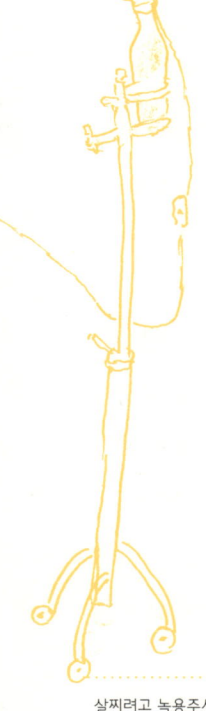

키는 보통에, 약간 포동포동하고, 복스럽고, 엉덩이가 좀 큰 여성을 칭한다. 나처럼 마른 여자들은 별로 인기가 없다. 그런데 한국에서는 나같이 마른 여자들을 부러워한다. 마른 몸매가 다른 사람의 부러움을 사기는 한국에 와서 처음인 것 같다.

한국에 온 지 얼마 안 되어 신문을 보는데 '살을 뺀다'는 제목이 보였다. '참 할 짓거리들이 없구나' 생각했고, 자본주의 사회에서 잘 먹고 살찐 사람들이 별짓을 다 한다고 욕했다. 그런데 이곳에서 살다 보니 누가 잘살고 못 사는지 알 수 없을 정도로 거의 대부분 사람들의 얼굴에 기름기가 돌고, 북한말로 포동포동하고 어떤 사람들은 정말 뚱뚱했다.

그리고 북한에서는 전혀 몰랐던 '비만'이라는 것이 여러 가지 병을 가져올 수 있다는 것과, 이 세상에는 별의별 질병이 많다는 것도 한국에 와서 알게 되었다. 사실 한국사람들은 잘 먹고 잘사는데도 왜 아픈 사람들이 이렇게 많은지, 북한보다 중병에 걸린 환자들이 훨씬 더 많아 보이는 것이 수수께끼처럼 의아했다.

어쩌면 북한에서는 식량 사정이 어려워지면서 산 가들

의 풀이라고 생긴 것은 독초 빼고는 다 뜯어먹고 살았으니 약초도 많이 먹게 되어, 영양실조에는 걸릴지언정 암처럼 큰 병에는 잘 걸리지 않고 살아갈 수 있었던 건지도 모르겠다는 생각도 해보았다. 고혈압이나 당뇨로 병원을 찾는 사람들은 간부들이거나 간부집 가족들이었던 것 같으니 말이다.

우리가 어렸을 때, 남조선에서는 병원을 찾아가면 의사가 돈부터 내놓으라고 한다고 배웠다. 그런데 지금은 북한에서 무상의료제도가 유명무실해지고, 의사에게 뒷돈을 찔러주거나 간부쯤 되어야 약도 타 먹고 치료도 받을 수 있는 상황이 되었으니 정말 마음이 아프다.

11

인품에 대하여

북한에서
'좋은 사람'이란
누구일까

어릴 적 꿈속에 등장한 '김정일 지도자 선생님'

'북한에서 존경했던 사람이 누구인가?'라는 질문을 받고 문득, 나는 한 번도 그런 생각을 해본 적이 없다는 걸 깨달았다.

북한에서 가장 존경받는 인물을 꼽자면, 자동적으로 김일성 3부자가 떠오른다. 지금은 김정은만 생존해 있지만, 아직도 북한 주민들은 '김부자 바라기'에서 벗어나지 못하고 있다.

물론 학창 시절 배우는 〈공산주의 도덕〉 과목에는 웃어른을 존경하고 부모님께 감사하고 형제와 친구들과 화목하고 서로 친근하게 지내야 한다는 내용이 들어 있다. 그러나 부모의 부모, 또 그 부모가 존경해야 하는 분들이 있으니, 바로 조상님이 아니라 김일성 일가이다. 태어나면서부터 죽을 때까지 김일성 일가를 따르라는 교육을 받아왔기 때문에, 도덕 시간에 배운 '어른을 존경하라'는 내용은 곧 김일성 일가를 존경해야 한다는 뜻이나 다름없다.

　나는 학창 시절에 가끔 친애하는 김정일 지도자 선생님(당시 호칭)과 결혼하는 꿈을 꾸었다. 얼마나 흠모하고 존경해왔으면 꿈속에서 결혼을 하고, 기쁘고 감격스러워 펑펑 울었겠는가. 깨어보면 허황된 꿈에 불과했지만 그래도 설레고 행복했었다. 하지만 그런 꿈 이야기라도 함부로 터놓고 말할 수 없는 세상이어서, 혼자 무슨 큰 비밀을 간직한 사람마냥 소중하게 가슴속에 새겨두었다.

　철없던 어린 시절 이야기를 털어놓는 것이 좀 창피하다고 해야 하나? 지금 이야기하기에도 부끄러운 생각이 들지만, 아마 북한에서 그런 비슷한 경험을 가진 사람이 나 한 명만은 아니었을 것이다.

친구도, 동생도, 부모뻘 되는 연배도 '동무'

북한에서는 이렇게 김일성 3부자를 위에 두고, 나머지 모든 사람들이 서로 '동무'와 '동지'라는 호칭으로 부른다. 물론 사석에서는 그냥 아무개야, 이름을 부르거나 오빠, 동생, 친구로 통하지만 공공장소에선 무조건 동무, 동지로 부르게 되어 있다. 공식적으론 친구들뿐 아니라 나이 지긋한 사람들도 다 '동무'로 통하고, 평상시엔 아저씨나 아바이 호칭을 붙여 부른다.

인민학교 때부터 선생님은 서로 '동무'를 붙여 부르도록 하였고, 학교에서 허물없이 아무개야, 라고 이름 부르는 것을 통제하기 위해 그런 호칭을 들은 사람이 그렇게 부른 이의 이름을 칠판에 적도록 하였다. 그렇게 적발이 되면 하교 때 선생님에게 불려가 꾸중을 듣고, 다시는 안 그러겠다는 다짐을 하고 나오는 일도 많았다.

간부급, 당비서나 작업반장들에게는 '동지' 호칭을 붙

여 부른다. 동무보다 조금 격이 높은 것이라고 볼 수 있는데, 하지만 이 동지라는 말도 총회 장소에선 동무로 바뀔 때가 있다. 일주일에 한 번 있는 주간 생활총화에서는 비록 당비서나 작업반장일지라도, 또 기업소 간부일지라도 호상비판이나 사상투쟁을 할 땐 다른 이들이 '동무'라고 부르며 호된 비판을 할 수 있다.

처음 한국에 왔을 때, 사람들이 '아무개 선배' 하거나 '내 후배야~' 하는 말을 듣고 무슨 소린지 전혀 이해할 수 없었다. 남한에서는 선후배 간에 선이 그어져 있고, 후배가 선배를 깍듯하게 대하고 선배는 후배를 챙겨준다. 지금은 나도 이런 호칭이 익숙해져서 '동무, 동지' 하는 딱딱한 말보다는 구수하게 느껴질 때도 있다.

사실 철저한 규율과 조직 체계가 몸에 밴 나로서는, 처음 한국에 왔을 때 '자본주의 국가라는 것은 어수선하고 정리정돈이 안 되어 있고 사람들이 돈분서주하는구나'라고 생각했다. 하지만 시간이 흐르고 해가 바뀌면서, 남한사람들은 누가 시키지 않아도 나름의 규칙을 지키며 살아가고 있고, 스스로 판단하고 실천하면서 타인과 소통해나간다는 걸 알게 되었다.

아직도 한국사람들이 '절제되지 않는 삶'을 사는 것 같다고 느껴질 때도 있지만, '개인의 자유'라는 것을 중심으로 놓고 생각해보면 오히려 북한에서 살 때가 '꼭두각시 같은 삶'이 아니었나 싶다.

> **'나라에서
> 사람의 인격까지 메마르게 한다'**

북한에서 존경을 받는 인물은 진실하고 겸손하며 책임감과 배려심을 갖춘 사람일 것이라고 본다. 북한말로 '도덕적으로 갖춰진 사람'이다. 집안 성분이 좋고 많이 배우고 잘생기고 좋은 직장을 다닌다고 해서 존경을 받는 것은 아니다. 타인을 품어줄 수 있는 사람이 좋은 사람이라는 것을 모르는 이는 없을 것이다.

북에서 식량을 제대로 공급받을 수 있을 때까지는, 풍족하지는 않았어도 서로가 돕고 이끌며 화목하게 살아왔다고 나는 기억한다. 하지만 1990년대부터 식량을 보 급하

어려움 속에서도
해맑게 장난치는 아이들.

지 못하는 사태가 빚어지면서, 사람들 사이에 '충성심이 밥 먹여주냐'고 수군대는 소리가 들려왔고 '나라에서 사람의 인격까지 메마르게 한다'는 말도 돌았다.

나는 태어나면서부터 나쁜 사람은 없다고 믿는다. 세상이 사람들의 성향을 좋게도 만들고 나쁘게도 만든다고 생각한다.

북한사람들은 수령이 없으면 조국도 없고 이 세상은 살아갈 수도 없는 암흑천지로 변할 것이라고 생각했다. 그러니 김일성의 부고를 듣는 순간, 이제 어떻게 살아야 하는지, 수령이 죽을 수도 있는 건지, 우리는 어떻게 되는 건지,

하늘이 무너지고 땅이 꺼지는 것 같았다. 내가 어렸을 때 한숨을 내쉬면 외할머니가 그때마다 '누가 죽었냐? 한숨 소리에 땅이 다 꺼지겠다' 하며 나무라곤 하셨는데, 그게 이런 뜻이었나 보다 싶었다.

가뜩이나 나라 경제가 어려워지기 시작한 시점이었는데, 김일성 사망 후 배급마저 끊기고 영양실조에 걸린 사람들이 늘기 시작했다. 공장에 기계가 서고, 직장에 일하러 나오는 사람들이 줄어들고, 기차역전과 장마당에는 꽃제비들이 생기기 시작했다. 그리고 사기와 도둑이 판을 치기 시작했다.

옛말에 '먹을 것이 흔해야 집안이 흥한다'라는 말이 있듯, 밑천도 없이 배급만 바라보고 살던 북한사람들이 대책도 없이 식량난을 맞았을 때, 수많은 사람들이 죽어나가는 마당에 누가 누구를 배려하고 도와주고 하는 이야기는 무색해지고 막막한 세상이 되어버렸다. 그런데도 당국에서는 특별한 대책도 세우지 못하면서 고난의 행군을 이겨내야 한다며 김일성 3부자를 찬양하는 노래와 구호들을 내놓았다. 그러나 먹어야 일을 하고, 먹어야 수령을 따르지 않겠는가.

> **좋은 사람이란,
> 어려울 때 알 수 있는 법**

풍요롭지는 않았어도 서로 돕고 살아가던 시절에는 돈이나 직업, 학력보다도 사람의 성품과 도덕성, 예의를 더 중요시하였다. 그러나 식량난을 겪으면서부터는 무엇보다 돈이 우선이고, 줄이 어느 쪽인지 따져가며 사람을 상대하고 인연을 맺는 사회가 되어갔다. 모두 잘 먹고 잘사는 공평한 사회주의가 아니라, 남한보다 더한 자본주의 사회처럼 되어버린 것 같아 안타깝다.

    나는 식량난을 겪으면서 비로소 느낀 것이 있었다. 사람은 어려울 때 진짜를 알 수 있다는 말이 참말이라는 것을. 건강하고 여건이 좋을 때는 좋은 친구인 것처럼 옆에 있던 사람들이, 정작 내가 병이 나서 도움을 필요로 할 때에는 마치 처음 보는 사람처럼 거들떠보지도 않는 것이었다. 인생이 서글퍼졌다. 하긴 다른 사람 굶을까봐 도와주면 내가 죽을 판인데, 누굴 돕고 말고 하겠는가.

그러나 그런 와중에도 무정한 사람들만 있는 것은 결코 아니었다. 많은 사람들이 굶주림과 무섭게 퍼져나가는 전염병, 결핵 등으로 죽어나갈 때, 아픈 나에게 다가와 말 한마디라도 '꼭 살아라', '죽지 말고 버텨라' 하며 힘을 주는 사람들이 있었다. 아마도 내가 굶주림을 견뎌내고 두만강에 건너면서도 악착같이 살아남을 수 있었던 건, 그런 말 한마디의 기적 같은 힘 때문이 아니었을까 하는 생각이 든다.

나에게 진정으로 존경할 만한 인물을 꼽아보라고 한다면, 가장 힘들었던 1990년대 후반기, 아파서 언제 죽을지 모르는 하루하루를 버티고 있던 나에게 다가왔던 한 젊은 여자분이 떠오른다. 생면부지의 그 여자분은 내게 북한 돈 이백 원을 주면서 '이 돈으로 먹을 것 좀 사서 먹고 기운 차려 꼭 살아야 한다'고 말했다.

또. 남편을 잃고 직장에 다니며 두 아이와 힘겹게 살아가던 시절에 도움을 준 배급소 소장님도 나에겐 고맙고 존경스러운 사람이다. 당시에 배급소에 어쩌다 쌀이 들어와도, 직장에서 빠져나갈 수가 없어서 식량을 타갈 수 없는 상황이었다. 어느 날 배급소에 찾아가 사정을 이야기하며 도와달라고 부탁했는데, 소장님은 쌀이 들어왔을 때 남겨놓

앗다가 우리 집에 직접 가져다주셨다.

아마 이분들은 나뿐만 아니라 다른 사람들한테도 남모르게 좋은 일을 많이 해온 사람들일 것이다.

그리고 중국으로 탈출을 시도할 당시, 나와 일행을 데리고 가던 할머니가 '꼭 살아야 한다'면서 량강도 대홍단의 어느 진펄에서 개구리알을 비닐봉지에 담아 와서 내밀며 '이거라도 약으로 생각하고 꼭 먹어야지, 안 그러면 죽는다'고 하여 먹었던 기억도 난다. 그분은 우리를 중국사람에게 돈을 받고 팔았다. 그것은 인신매매에 해당하는 엄중한 범죄이지만, 그분이 아니었다면 중국에서 고마운 한국사람들을 만날 수조차 없었을 것이기 때문에 내게는 생명의 은인이다.

나는 죽음의 기로에서 내 삶을 건져준 사람들에 대해 늘 생각하고, 고마움을 가슴 깊이 간직한 채 살아가고 있다.

국경을 넘다 죽은 사람들이 떠올라 마음이 무거워질 때가 많다.

12

남한에서의 직업 생활

전쟁터 같은
남한 사회에서
'홀로서기'를

직업에 귀천이 '있는'
대한민국에 적응하기

한국에 와서 나는 계약직 청소 노동자로 꽤 오랫동안 일했다. 북한에서는 못해본 일이 없어서, 일에서만큼은 남들한테 뒤지지 않는다고 장담했었다. 하지만 북한에서 한 일과, 남한에서 하는 일은 같으면서도 다르다. 어떤 알지 못할, 오랫동안 내려오던 룰이 있다고나 할까? (흔히 사람들은 텃세를 부린다고 한다.) 그래서 북한에서 온 새터민들이 취직을 하더라도, 얼마 견디지 못하고 직장을 포기하는 건지도 모른다. 정말 웬만한 배짱과 인내력이 없이는 버텨내지 못한다.

나에게는 직업에 대한 귀천이 따로 없다. 여자는 힘든 일을 하지 말아야 하고, 무거운 것을 드는 일은 남자만 해야 한다는 편견도 없다. 일손이 달리거나 혼자 못하면 둘이 함께해서라도 꼭 해야만 하는 성격이어서, 본의 아니게 싫은 소리를 들을 때도 있다.

한때 모 대학에서 기숙사 위생원으로 일한 적이 있었

다. 기숙사 위생원 일은 한마디로 말해서 청소부다. 물론 구질구질하고 지저분하고 힘들지만, 일단 맡은 일에 대해선 그 어떤 일이라도 항상 애정을 가지고 즐겁게 하려고 노력한다. 나라고 지저분한 일에 만족할 리 없지만, 직업에 불만을 가지면 아무것도 못한다고 본다. 매일 반복되는 일상이지만, 나이 지긋하신 분들과 함께 일하면 지루하다가도 재미있는 일들이 많았다.

일 자체보다는, 나를 참을 수 없게 만드는 것은 한국사람들의 도덕성에 문제가 많다는 점이었다. 우리같이 지저분한 일을 하는 사람들은, 대한민국에서는 환영 받지 못하는 직업인이다. 그래서인지 대학교 학생들까지도 우리 같은 사람들을 하찮게 봐서인지 인사를 하는 경우가 거의 없었다. 50명 중 1명이나 될까 마나 할까?

그리고 한국사람들은 참 게으르다. 특히 젊은이들은 스스로 뭔가를 하려는 용기가 없고, 요구만 한다. 또, 어른들은 그들이 요구하면 들어준다. 자기가 할 수 있는 것도 제대로 못하고 누가 해주기만 바라는 아이들이, 과연 경쟁사회에 맞서 헤쳐나갈 수 있을까 싶다.

나에 대해 모르는 사람들은 고향이 어디냐고 묻는다.

사람들과 한참 이야기를 하다 보면 나도 모르게 사투리가 나오는 것 같다. 그럴 때면 나는 당당하게 '북한에서 왔고, 고향은 ○○'이라고 답한다. 그러면 사람들은 깜짝 놀란다. 그리고 어쩜 그렇게 말도 잘하고 사람들과도 잘 어울릴 수 있냐고 묻는다. 그게 뭐 그리 놀랄 일인가. 사람들과 자꾸 어울려야 세상 돌아가는 것도 알 수 있고, 일 또한 빨리 배울 수 있다고 본다.

살아가기 위해 몸부림치는 전쟁터 같은 곳, 남한 사회

어릴 적부터 북한에서 들어오던 이야기 때문에 남한의 경제는 형편없는 것으로 알고 있었다. 중국에서 대충 이야기를 들었지만, 설마 중국보다야 더 잘살겠나 싶었다. 하지만 남한 땅에 첫발을 내딛는 순간 많이 어리둥절했다. 내가 상상하던 남한이 아니었으니까.

    내가 남한에 살기 시작한 시점부터 지금까지 많은 것

이 변했다. 굳게 봉쇄되었던 남북한의 관계가 남북 이산가족 상봉과 금강산 관광, 평양학생예술단과 교회단, 평양대학생응원단과 축구단, 농구단 등 여러 단체들이 오고 가면서 남과 북의 문이 서서히 열리기 시작했다. 급기야는 최근에는 문재인 대통령이 북한을 방문하기까지 이르렀다.

그로 인해 남과 북의 주민들이 어느 정도는 서로의 실상에 대해 알고 있다. 아직도 넘어야 할 산이 많이 남아 있지만, 그래도 이만큼 발전한 것도 큰 성과라고 본다.

20년 전 한국에 와서 겪었던 일들이 떠오른다. 나에게는 자격증이 두 개나 있다. 운전면허증까지 합치면 3개다. 처음에 아는 교회의 목사님 권고로, 미용기술시험에 도전했다. 삽질만 하던 손이라 마디마디 굳어져서 롤 연습과 커트 연습을 할 때 손이 말을 안 들어 애를 많이 먹었다.

게다가 필기시험은 내가 살아오면서 평생 들어보지 못하던 용어들이 너무 많았다. 한마디로 모든 용어가 '외래어'다. 똘똘 암기해도 머리에 들어오지 않았다. 그래도 열심히 공부했다. 첫 필기시험 때 합격할 리가 없었다. 내용을 모른 채 암기만 했으니까. 하지만 내게 포기란 있을 수 없는 일이다. 첫 시험에 떨어져서 실망하고 부끄러웠지만, 재도

전하여 결국에는 두 번째 필기시험에 합격했다. 실기시험은 단 한 번에 합격할 수 있었다.

모든 성과는 쉽게 이루어지는 것이 아니다. 내가 포기를 안 했기 때문이다. 한국사회에 적응하기 위해서 처음에는 누군가의 도움이 꼭 필요하지만, 계속 도움만을 받다 보면 홀로서는 방법을 잃어버리게 되지 않을까 걱정됐다.

처음에 은행에 가서 예금통장을 만드는 방법, 은행이자가 더 비싼 데를 찾아다니면서 예금하는 방법을 알게 됐다. 하지만 나중엔 이자가 비싼 은행은 위험한 곳이라는 것도 알게 됐다.

나는 지금도 지갑에 돈을 가지고 다니지 않는다. 지갑에 돈이 있으면 쓰게 되니까. 이따금 만 원이라도 생기면 은행에 가서 저금한다. 통장에 돈이 모이는 것이 흐뭇하기도 하다. 내가 내 힘으로 벌어서, 적게 쓰고 적게 먹고 그래서 모은 돈으로 첫 적금을 탔을 때의 기분은 정말 이루 말할 수 없이 기뻤다.

그동안 청소일로 받는 나의 한 달 계약직 월급은 백만 원 조금 넘었다. 그 월급에서 세금 떼고 적금 나가고 보험금과 휴대폰 요금이 나가고 나면 남는 것이 만 원도 채 안 됐다. 이렇게 절약하고 또 절약하며 살아도, 노후 대책을 마련하려면 아직도 산 넘어 산이다.

청소부도 천한 일이 아니다. 우리 같은 사람들이 없으면 대한민국의 방방곡곡 구석구석 쓰레기가 쌓여서 아마 걸어 다닐 수가 없을 것이다. 이 세상에 천한 직업은 없다.

한국사람들은 전국에 명성이 있는 곳이라면 천 리건 만 리건 다 찾아간다. 하지만 자기가 먹고 쓰고 난 쓰레기는 가지고 갈 줄을 모른다. 관광객이나 휴가철 피서객들이 왔다 간 곳은 금방 쓰레기장으로 변한다. 사람들로 인해 자연환경이 오염되고, 그로 인해 희귀병들도 엄청나다. 하지만 그 원인이 바로 자신들의 무책임한 행동 때문에 비롯된다는 것을 실감하지 못하고 있다.

병원에서는 각종 성인병과 희귀병으로 사람들이 고통 받고 있고, 밖에서는 '묻지마 살인'으로 무고한 사람을 죽이고, 도둑질하고, 재산 갈등 때문에 형제와 부모를 불태워 죽이고, 돈 때문에 자살을 한다.

겉으로는 평화롭게 보이지만, 보이지 않는 곳에서는 살아가기 위해 몸부림치는 전쟁터 같다. 이것이 내가 본 대한민국의 현실이다.

> **새터민에겐 선물과 돈보다,
> 일자리와 응원이 필요해**

　나는 다른 사람이 재산이 많고 잘살아도 부럽지 않다. 부러워한다고 내 것이 되지 않으니까. 세상에 공짜는 없는 법, 내가 그만큼 열심히 노력해야 한다.

　한국에 오는 탈북자들은 정부에서 정착금을 많이 준다는 환상에 젖어 온다. 하지만 얼마 안 되는 정착금을 받고 환상이 깨지고 불만이 생기게 된다. 내가 사는 지역에도 60여 명의 새터민들이 있다. 그런데 일을 안 하고 있다. 발바닥에 불이 나도록 뛰어도 힘든 세상인데, 집에만 있다니! 나는 몸도 건강하고 어린 나이에 한국에 온 사람들을 보면 부러웠다. 나는 나이가 들어 한국에 왔고 몸이 건강한 것도 아니어서, 지금부터 돈을 벌기 시작해도 시간과 세월이 너무 짧다는 생각이 들어 초조하고 불안했다.

　1년에 두세 번씩 경찰서와 시청에서 새터민들을 모아 놓고 간담회라는 것을 한다. 거기에 가면 못 보던 얼굴들이 많이 늘어 있다. 그런데 간담회를 할 때마다 안건이 매번 똑같다. '새터민들의 사회생활 적응' 문제와 '취직' 문제 등이다. 매번 같은 안건을 가지고 간담회를 하지만, 해마다 늘어나는 새터민 수에 비해 취직을 한 새터민의 수는 늘지 않고 있다. 스스로 일을 하려는 의지가 부족한 탓도 크다.

나도 처음에는 노동부와 담당형사들이 도와줬지만, 언제까지 그들의 도움을 받으면서 살아갈 수는 없었다. 오히려 그런 도움이 부담스러워, 내 발로 뛰고, 교차로를 들여다보고, 아는 분들의 소개도 받아가면서 20여 년 동안 여러 가지 일을 했다. 그 결과, 다른 새터민에 비해 비교적 안정된 일터에서 계약직 노동자로 오래 일했다.

지금 민간단체나 새터민 관련 행사 주최 측에서는 우리에게 선물이나 상품권을 준다. 어떤 교회에서는 한 달에 4~5번, 즉 일요일마다 교회에 나오면 돈을 준다. 이런 행태는 물질적으로 사람의 마음을 현혹하는 것으로밖에 볼 수 없다.

선물과 돈보다는, 안정된 일자리를 찾아주고, 새터민들이 홀로서기를 할 수 있도록 도와주고 응원해주는 것이 바람직한 일 아닐까. 물론 본인들의 의지와 노력도 필요하지만 말이다.

한국사람들도 취업난을 겪고 있다. 한마디로 전쟁과 같다. 대학을 나온 사람들과 대학원 나온 사람들이 시청에서 뽑는 도로청소부 면접시험에 뛰어들겠는가? (그 직업도 당당히 국가 공무원이니까 그런 경우도 있을 순 있지만.)

새터민들 중에 북한에서 대학을 나오고, 의사를 하다가 왔다 해도, 한국에서는 그 기술을 인정해주지 않는다. 그렇다고 자신들의 재능에 대해 알아주지 않는다고, 앉아서 알아줄 때까지 기다린다고 해서 될 일은 없다. 그런 현실을 빨리 깨닫고 다시 도전해보거나, 아니면 다른 일자리를 알아보는 것이 현명한 선택이다.

한국은 어디까지나 경쟁사회다. 스스로 선택하고, 스스로 노력해야만 살 수 있는 힘든 세상이다. 북한처럼 정부에서 지정해준 직장에서 지정된 8시간 노동시간을 지키면 된다는 생각을 버려야 한다. 어찌 보면 한국사회가 북한보다 무섭다는 생각이 든다.

탈북자들이 한국에 왔을 때는 북한에서 더는 살기 힘들어서 왔을 것이다. 때문에 한 사람 한 사람 모두 가슴 아픈 사연들을 가지고 왔을 것이다. 나도 그런 사람 중의 한

사람이니까…. 아픈 사연들을 가지고 있기에, 우리는 일을 해야 하고 돈을 벌어야 한다. 언젠가는 가족들을 만나 도와줄 수 있는 그 날을 위해 남보다 백배 천배 더 노력해야 한다.

  그래도 북한 출신의 우리들은 다른 나라에서 이주한 사람들에 비하면 한국 생활에 유리한 면이 있다. 같은 민족이고, 언어가 통하고, 풍습도 같다. 힘들지만, 노력을 한다면 이 사회에 적응할 수 있다고 본다. 그리고 그렇게 하는 것이 북에 있는 부모형제들을 만날 수 있는 지름길이다. 매 순간순간 북에 두고 온 가족을 그리견서, 몸이 아프고 지치고 힘들어도 누울 수도 쉴 수도 없는 것이 새터민들의 현실이라고 생각한다.

13

에필로그

"연변에서 왔냐?
북한에서 왔냐?"
묻는
한국사람들에게

'아무도 믿지 말라'는 말을 떠올리게 될 때

현재 한국에 거주하고 있는 새터민들의 수가 3만 명이 넘는다고 한다. 말이 3만이지, 한 사람 한 사람 그 수를 헤아리기란 쉽지 않다. 그렇게 많은 사람들이 우물 안의 개구리처럼 폐쇄된 사회에서 살아가다가 생활고에 못 이겨서, 또는 친구를 잘못 만나서, 말 한마디 잘못해서 등등의 이유로, 이런저런 위기를 벗어나기 위해 국경을 넘고 남조선, 즉 한국으로의 길을 선택한 것이다.

하지만 한국에 대한 정보도 없이 단지 잘 먹고 잘살고, 일하면 일한 만큼 보상을 준다는 말만 믿고 한국에 와서 이곳 생활에 적응하기란, 또 한 번의 고행의 길이 시작된 것이라고 볼 수 있다.

북한에서는 나라에서 지정해준 가격에, 또 나라에서 공급해주는 식량과 물건을 공급받아 살아가게 되어 있다. 또 내 마음대로 할 수 있는 권한 대신 어려서부터 조직 생활이라는 엄격한 규율 속에 내 잘못은 물론 남의 잘못까지도 눈여겨보며 살아왔다. 그러다가 한국에 와서 살게 된 탈북자들은 아무리 같은 민족, 같은 나라라지만 사회주의와 자본주의라는 현저히 다른 두 체제 속에 갈등과 번민, 후회와 외로움을 수없이 겪었을 것이다.

처음 한국사람들과 만났을 때, 마음도 따뜻하고 삶에 여유와 활기가 넘친다는 느낌을 받았다. 어쩌면 같은 민족인데 삶이 이렇게 다를 수 있는지 놀랍기도 했다. 그러나 한국 생활 적응훈련에 들어가면서부터, 자본주의 체제가 내 생각과는 다른 것 같았다. 막살아도 되는 체제, 남한사람들이 정말 무질서하다는 생각이 들었던 것이다. 아무리 자본주의 사회라도 질서와 규율은 있어야 하지 않나 싶었다. 그러나 시간이 흐르면서, 그 무질서함 속에 나름의 질서가 있다는 것을 알게 되었다.

북한은 북한만의 독특한 독재 체제의 엄격함이 있다. 수령과 또 수령의 가계도 중심으로 교육을 받아왔고, 나를 위한 삶이 아니라 수령을 위한 삶을 살아가도록 교육 또 교육, 통제 또 통제를 받아왔다. 그래서 나를 비롯해 탈북자들은 처음 한국에 와서 '자기중심의 삶을 산다'는 것이 많이 낯설었을 것이다. 그리고 쉽게 적응할 수가 없었을 것이다.

북에서는 누구한테 시원하게 속을 터놓고 살아본 적이 없고 의심과 경계 속에서 살았었다. 평생 그런 삶을 살다가 한국에 오니, 모든 것이 자유로워 보이고 법에만 어긋나지 않게 살면 되겠구나 하고, 쉽게 생각해버렸던 것 같다.

통제와 조직 생활, 그리고 감시 속에서 살지 않아도 된다는 안도감을 느낀 나는, 내게 다가오는 다정한 손길들을 뿌리칠 수 있는 방어력을 갖지 못했다. 사람을 그냥 믿어버린 것이다. 남한에서 살면서 사기를 당하게 경우가 많았다. 그때마다 '여기선 누구도 믿지 말아, 다 나쁜 사람들이라고 생각하고 살아라'라고 했던 누군가의 말을 떠올리게 된다.

> **'너는 왜 자식들을 데려오지 않았느냐'**

주변에서 '너는 왜 자식들을 데려오지 않았느냐' 묻기도 한다. '너는 한국에 와서 잘 사는데 자식들을 데려다 호강시

킬 생각은 않고 너 혼자 잘 살면 뭐하냐'고 하는 사람들도 있다. 물론 가족들이나 자식들을 데려와 같이 사는 탈북자들도 많다. 정말 부럽다. 하지만 그럴 수 있는 기회가 모두에게 주어지는 것은 아니다. 또 호강시키려고 자식들을 데려왔다가 취업도 못하고 결혼도 못하고 오히려 괴로움과 고통만 줄 수도 있을 것 같다는 생각에, 그런 시도를 해볼 엄두가 나지 않는 때도 있는 게 사실이다.

한국은 돈이 우선인 사회이다. 북한에서 남조선 사회에 대해 교육받은 내용 중에 유일하게 맞는 것이 '돈이 우선인 사회'라고 할 수 있다. 한국은 돈이 없이는 아무것도 할 수 없는 사회이기도 하다. 북한에 있을 때는 한 달에 열흘분의 배급만 받아도 살 것 같았는데, 그래서 먹는 문제만 풀리면 모든 것이 다 해결될 것처럼 생각했는데, 막상 한국에 와보니 배를 굶지 않는다고 해서 모든 문제가 다 해결되는 것은 아니라는 걸 깨닫게 되었다.

취직을 하려고 하면 탈북자라는 이유만으로 거절을 당했다. 결혼을 해도 '도망가지 않을까' 하는 시댁의 감시를 받아야 했다. 남한 사회 어디를 가나 눈에 색안경을 끼고 안 좋은 시선으로 보는 사람들이 많았다. 심지어 어떤 사람들은 탈북자들이 들으라는 듯이 '한국에도 못살고 한 끼 식량을 벌기 위해 별의별 일을 다 하는 사람들이 많은데, 왜 자꾸 탈북자들을 받아주는지 모르겠다'고 불평을 해댄다. 내 앞에서 대놓고 '한국도 어려운데 왜 왔냐'고 묻는 사람들도 있었다. 그때마다 나는 당당하게 말했다. "살려고 왔어요. 나도, 살려고 왔습니다."

억양 때문에 '연변에서 왔냐, 아니면 북한에서 왔냐' 하는 질문을 자주 듣게 되었는데, 중국에서 왔다고 하면 그런대로 일자리를 구할 수 있지만 탈북자라고 하면 받아주지 않는 곳들이 많았다. 그 이유는 내가 듣기에 매우 부적절했다. 사람들과 어울리지 못해서라든가, 일을 잘 못한다든가, 사투리 때문에 말을 못 알아들어서 안 된다든가 하는 것이었다. 이런 현실이니, 탈북자 중에는 조선족이라고 속이고 취직을 하는 이들이 있을 수밖에.

또, 들리는 말에 의하면 탈북자들이 취직을 하면 기껏 3개월을 못 견디고 그만둔다고들 한다. 같이 일하는 사람들이 일에 대해 가르치면 그걸 잔소리로 여기고 말도 없이 그만두는 사례가 적지 않다고 들었다. 사실 북한과는 다른 세상에 적응해 살아가려면 탈북자로선 모든 상황에 인내심을 가지고 극복해가야만 살아갈 수가 있는 게 사실이다.

한국 생활은 나와의 끝없는 싸움이었다. 끈기, 인내심, 그리고 결단성이 관건이라고 생각한다. 북한에서는, 결과는 어떻든 간에 하루 여덟 시간 노동시간을 채우고 내 앞에 주어진 일만 다 하면 된다는 개념이었다. 그러나 한국에서는 그날그날 일에 대한 책임감을 가져야 하고, 정신 바짝 차리고 이러저러한 사항을 결정하면서 일해야 한다는 걸 알게 되었다.

북한사람에 대한 한국사람들의 편견이 심했기 때문에, 나도 처음에는 내가 누구라는 걸 숨기고 살았다. 그러나 결국엔 대화하는 과정에서 북한 출신임이 드러나는 경우가 생겼다. 이왕 이렇게 알게 되는 것보다는 차라리 처음부터 당당하게 내 소개를 하는 편이 낫겠다는 생각이 들었다. 그렇게 해보았더니 의외로 반응이 좋았다.

한편으론 탈북자로서, 남한사람들의 신뢰를 저버리지 않게 더 열심히 살아야겠다는 생각이 들었다. 지금까지 정말 다른 것을 생각할 새도 없이 열심히 살아왔다고 자부한다. 앞으로도 내게 주어진 생이 다하는 날까지 열심히 살아갈 생각이다.

북한에 대한 뉴스는
여전히 불편하다

남한에 와서 북한과 관련한 정치 뉴스, 특히 예전엔 김정일 국방위원장에 대해 검증되지도 않은 추측성 보도들을 접할 때 마음이 불편하고 괴로웠다. 내가 북한을 나왔을 당시 아무리 힘이 들고 병들고 굶고, 또 많은 사람들이 죽어가는 걸 직접 보았지만, 그럼에도 불구하고 북한에 대한 비방 뉴스를 보면 심기가 불편해졌다.

수령이 혼자 정치를 하는 것도 아니고 밑에 간부들이 뒷받침을 해줘야 나라가 잘살 수 있는데, 사리사욕만 채우는 간부들이 나쁜 거라고 믿었다. 한국 텔레비전 화면에 김정일의 모습이 보이면 왠지 모를 안타까운 마음에 울컥하기도 했다. 김정일이 사망했을 때는, 아버지인 김일성 사망 때만큼은 아니지만 슬픈 마음이 들었다.

어쨌든 한국의 언론 매체들이 정확하게 증명되지 않은 일에 대해 추측만으로 북한 정부를 비난하는 보도를 쏟아내는 건 정말 아니라고 본다. 가령 어떤 범죄에 대해서, 범행 사실을 밝힐 증거가 있어야 범인을 잡을 수 있다는 건 한국사람들이 더 잘 아는 사실이 아닌가? 왜 추측만으로 북한에 대한 뉴스를 내보내는지 이해가 되지 않았다.

앞에서도 언급했지만, 북한사람들도 알지 못하는 '김정일의 기쁨조'니 뭐니 하면서 보천보경음악단, 왕재산경음악단 같은 예술인들을 우습게 취급하는 것도 옳지 않은 일이라고 본다. 북한사람들은 이들에 대해 깍듯이 예우한다.

또 중앙당 요직 간부들이 국외 대통령이나 귀빈들이 찾아왔을 때 주요 행사 후 만찬회에서 초청 공연을 보여주는 것은 자연스러운 일이라고 생각한다. 한국 정부에서도 하고 있는 일이고, 합법적이고 공개적인 행사인데 왜 문제를 삼는 것일까? 오히려 한국에선 웬만한 직장인들까지도 노래방과 다방을 찾아다니며 도우미 여성들을 불러내 추잡한 짓들을 하고 있지 않은가.

나는 북한이 잘하고 한국이 못한다고 이야기하는 것이 아니다. 모든 일에 있어서 과정보다는 결과를 더 따지는 사람들이, 떠도는 말과 추측만으로 뉴스를 내보내는 것이

거북하다는 것이다. 남한의 언론 매체가 그러고 있는 걸 보고 있자면 '똥 묻은 개가 겨 묻은 개 나무란다'는 속담이 떠오른다. 북한의 별것도 아닌 정보도 '특종'이라고 떠들어댈 때는 한심하게 보이기도 한다.

남과 북의 정치, 분단의 문제를 해결할 수 있을까

남과 북이 갈라져 같은 민족끼리 비난하고 총부리를 겨눈 지 70여 년의 세월이 흘렀다. 오랜 세월을 함께해온 같은 민족, 선량한 사람들이 서로 적대시하는 이 비극적인 현실은 생각할수록 가슴이 무너지고 통탄할 노릇 아닌가. 누구를 위해서 싸워야 하는지, 어느 쪽에서든 분단의 문제를 해결할 수 있는 위인은 나오지 않는 걸까?

북한에서는 당과 수령, 조국과 인민을 위해 이 한 몸 총포탄이 되어 한 줌의 가루가 될 때까지 싸우겠다고 맹세했었다. 조국과 인민을 위한 것이 아니라 수령과 당 간부들의 자리를 지켜주기 위해 죄 없는 사람들이 목숨을 걸고 싸우도록 세뇌교육을 시키는 사람들이나, 한국에서 말로는 통일을 부르짖으면서 결국 자신들의 자리를 빼앗길까 전전긍긍하며 전시를 대비해 대피지까지 마련해놓고 자기 안위를 생각하는 사람들이나 뭐가 다를까 생각해본다.

내가 남북의 위정자들에게 감히 충고를 한다면, 국민들 앞에서 말로만 통일을 부르짖지 말고, 또 추측 자료나 가지고 뉴스에 내보내지 말고, 어떻게 하면 딴 주머니나 찰까 하는 생각일랑 하지 말고, 진심으로 국민을 생각하고 국민의 편에 서서 그들의 고충을 들어주고 해결해주려고 신발이 닳도록 뛰어다니는 일꾼이 되어달라고 부탁하고 싶다.

대통령이 되기 위해, 국회의원이 되기 위해, 환심 사는 공약이나 들고나와 국민들의 마음을 흔들어놓고, 당선이 되면 국고가 어쩌니 하면서 공약은 뒷전으로 하고, 쓸데없는 곳에 돈을 탕진하고, 방송에서는 누가 어땠고 누가 저땠고 하는 비방만 늘어놓을 것이 아니라, 그 시간에 나라 살림살이 걱정을 좀 더 하고 진정 애써주는 진정한 정치일꾼이 되었으면 한다.

지금 한국의 젊은이들은 통일을 왜 해야 하는지, 왜 절

실한지 모르고, 아예 통일이라는 단어 자체도 떠올리지 않고 사는 사람들이 많은 것 같다. 지금 당장 통일을 해야 한다는 것은 아니다. 아무 준비도 없이 당장 통일이 된다면 서로 힘들고 어려워질 테니까. 남과 북이 서로 교류와 협력을 해가면서 발전할 수 있는 기회를 열어준다면 좋겠다. 그리고 언제가 되든 꼭 한반도의 통일을 기원하는 마음은, 북한이나 남한이나 모든 사람들이 숙명으로 받아들였으면 좋겠다.

같은 동네 살았던
남조선 출신들과 재일동포

지금까지 글을 써오면서 조금이라도 북한에 대해 알려줄 수 있었던 것 같아 마음이 후련하다. 물론 그것이 북한 인민의 최말단 중의 한 사람이었던 나의 삶과 좁은 소견에 불과하지만, 그래도 북한의 평범하고 순진한 인민들의 생활을 조금이나마 한국사람들에게 전달한 것 같다.

그리고 예전에 〈페미니스트저널 일다〉에 실린 재일조선인 관련한 기사들을 보면서, 문득 떠오른 것이 있다. 북한에서 살 때 주변에 재일조선인 동포들을 종종 보았었다. 뿐만 아니라 남조선 출신들도 한 동네에서 어울려 살기도 했다. 그에 관한 이야기를 좀 해보려고 한다.

내가 어린 시절 살던 동네에는 남조선 출신이 두 집이나 있었다. 그분들의 아들들이 나와 같은 학년이어서 아직도 그 이름을 잊어버리지 않고 있다. 허씨와 오씨였는데, 남조선에서 인민군이 고향을 점령했을 때 강제로 끌려와 인민군에 입대해 싸우게 되었다고 했다.

국군포로 출신들은 남조선 출신으로 인정하지 않는다. 인민군에 입대하여 싸운 사람들간 남조선 출신으로 인정하고, 매년 1~2회를 교육을 받는다. 통일이 되면 제일 먼저 남조선 출신들이 고향으로 들어가 북한사상을 심어줘야 하기 때문이다. 그들이 솔선수범이 되어 사람들을 동원하고 북한의 정신을 심어주도록 하는 교육을 받는다고 한다. 이런 교육은 비밀이고 외부에 나가서는 함구하도록 되어 있다. 어떤 내용의 교육인지는 정확하게 듣지 못했지만, 아저씨들에게 그런 교육이 있다는 여기는 대충 들었다.

북에선 그들에게 입당도 시키고 승진할 수 있는 기회를 주기도 한다. 정부에서 그들에게 믿음을 주고 신뢰한다는 것을 보여주는 것이라고 생각된다. 반면 국군포로 출신들은 직장과 가정을 꾸리고 살되, 당에 입당하거나 승진할 수 있는 길은 영원히 막혀 있는 상태이다. 간혹 특출하게 똑똑하고 나라에 공을 세웠다면 상으로 입당을 시키는 경우가 있긴 하지만, 모래밭에서 좁쌀 줍기라 할 정도로 기회가 드물다.

　이번에는 재일동포 가족들의 이야기를 해보려고 한다. 함경도와 량강도에는 이유도 모른 채 그곳으로 추방되어서 아주 어렵게 사는 가족들을 볼 수 있었다. 내가 결혼하여 살던 함경도 마을에는 남편이 재일동포고 아내가 일본인인 부부와 딸 이렇게 세 식구가 살았다. 일본에서 살 때 조선인 남편은 아주 가난한 고학생이었는데, 일본인 아내와 사랑에 빠져 결혼을 하게 되었다고 한다. 그러다가 일본에서 진행된 '북송사업'으로, 만경봉호를 타고 남편이 먼저 귀국해 평양의 한 연구소에서 일하다가 뒤늦게 아내와 합쳐 6년인가 살림을 꾸리고 살았다. 그러던 어느 날 밤, 갑자기 어떤 사람들이 들이닥쳐 남편을 끌고 갔다고 한다.

아내가 어린 딸을 안고 아무런 살림 도구도 챙기지 못한 채 차에 실려 온 곳이 바로 함경도의 어느 산골마을이었다. 몇 년 후 남편이 집에 찾아왔다. 이유 없이 감옥생활을 하였고, 아무것도 모른 채 감옥에서 지내다가 풀려나 아내가 있는 곳으로 왔다고 한다. 그동안 아내는 남편 없이 딸 하나를 키우기 위해 조선말도 잘 못하는데 닥치는 대로 일을 해야 했다. 와중에 딸은 제대로 먹이지도, 돌보지도 못해 갑자기 열이 펄펄 나더니 소아마비에 걸려 한쪽 다리를 절게 되었다.

이들 부부와 딸은 마음씨가 착하고 법 없이도 살 가족들인데 '왜 여기 와서 사냐'고 물었더니, '모른다'고 '이유라도 알았으면 속이라도 시원하겠다'고 하면서 가슴을 쳤다. 그 가족뿐 아니라 주변에 그런 가족을 가끔 볼 수 있었다. 그래도 일본에 가족이 있거나, 잘사는 친척이라도 있는 집들은 도움을 받을 기회라도 있지만, 이들 부부는 친척들조차 찾아오지 않는 외로운 사람들이어서 안쓰러웠다.

> **모든 탈북자들에게
> 응원을!**

내가 한국에 온 지도 20년이 다 되어간다. 지금까지 한국 생활을 하면서 나름 정직하고 바르게 열심히 살아온 것에 대해 스스로를 칭찬해주고 싶다. 오히려 남한사람들이 고민이 있으면 내게 털어놓을 정도로, 이제는 한국 생활이 익숙하고 사람들과도 친숙해졌다고 볼 수 있다.

하지만 한국 생활은 알아갈수록 더 힘들고, 후회할 때도 있었고, 외롭고 두려움이 따를 때도 많았다. 이것이 끝이 아니라 세상을 마감하는 날까지도 우리 탈북자들은 배우고 익혀야 할 것들이 많다. 지금까지의 자세가 흐트러지지 않게 마음을 다잡고 더 열심히 살기 위해 노력할 것이다.

한국에서 살아가는 탈북자들 중에 열심히 사는 사람들이 많을 것이다. 그들에게 꼭 하고 싶은 말이 있다면, 자신을 포장하지 말았으면 좋겠다는 것이다. 한국에서 정치적으로 활용되는 부분이 있어서인지, 한국사람들의 곱지 않은 시선 때문인지, 뻔한 거짓말로 자신을 포장하며 사는 사람들도 있는 것 같다. 하지만 나를 아는 사람은 바로 나 자신일 것이다.

한국사람들도, 만약 자신이 체제가 다른 북한 사회에서 살아가게 된다면 적응하기 힘들고 고통스러울 것을 생각하며 마찬가지로, 북한에서 살다가 온 사람들이 지금 한국에서 적응하느라 얼마나 힘겹게 살아가고 있을지 한 번쯤 생각해줬으면 한다.

또한 '국경을 넘어 한국에 와서 제2의 인생을 살아가고 있는 모든 탈북자 여러분에게 마음으로 응원을 전합니다. 생의 마지막에 후회가 없는 삶이 될 수 있기를!'